叢書シェリング入門5

シェリング『自由論』を読む

哲学するための哲学入門

FRIEDRICH WILHELM JOSEPH VON SCHELLING

平尾昌宏 著

萌書房

〈叢書シェリング入門〉刊行にあたって

シェリングという哲学者の名は一般には馴染みが薄い。二重に隠されてさえいる。一方で、古典を敬して遠ざけ流行を追うことにのみ汲々としている思想界の昨今の風潮がこれに追い討ちをかけているし、他方で、ドイツ古典哲学に眼が向けられるにしても、シェリングの名はカントやヘーゲルといったビッグネームの陰に隠れてしまってなかなか目立たず、ためにシェリングにまで眼が向きにくいという事情もこれに加勢している。

フランス革命後の激動の時代に、人間の自由を求め、その根源（悪の起源）を極めようとしたばかりでなく、この根本的希求をもとに、自然の哲学や芸術の哲学、さらには歴史の哲学を展開し、神話と啓示の意義をも追求しようとしたシェリングの思想は、軽佻浮薄なわれわれ現代人に「根源を忘るるなかれ」と警鐘を鳴らし続けているように思われる。

筆者はこれまでもっぱら、思うところあって、無理解のまま放置されてきたドイツ自然哲学を理解できる状態にすることに専念してきたが、非力ながら、ここに、シェリング哲学全般の意義、さらにはその多彩さと魅力を世に広めるための入門書、啓蒙書を叢書として上梓することにした。

この間、日本シェリング協会（一九九二年創立）を母体としてシェリング著作集の刊行が企てられた。

筆者は編集幹事として、その企画、出版交渉等にあたり、当初（一九九四年）十二巻の刊行が可能となるも頓挫。その後、数々の出版社と交渉を重ねた結果、全五巻ながら来年ようやく刊行の運びとなった。著作集出版のための長年の悪戦苦闘のなかで何よりも思い知らされたことは、シェリングの知名度があまりに低いということであった。出版交渉の際に「シェリングが何者か」を一から説明せざるをえないことしばしばであった。この悪戦苦闘を通じて、筆者はシェリングの名を世に知ってもらう必要、彼の思想の意義と魅力を喧伝する必要を痛感せざるをえなかった。

〈叢書シェリング入門〉の企画はこのような苦渋の体験のなかから生まれてきた。もっとも、シェリングという知名度の低い哲学者の入門書、啓蒙書を、しかもシリーズで出版しようとする出版社などあろうはずもなく、著作集の場合同様の難航が予想された。ところが、萌書房という新しい出版社を立ち上げたばかりの白石徳浩氏が趣旨に賛同し、叢書としての刊行を引き受けて下さった。感謝に耐えない。氏の御厚志によって、有難くも、ここに叢書刊行が可能となった。

なお、カバーに掲げる肖像は、ミュンヘンのバイエルン科学アカデミー・シェリングコミッション提供によるものである。

二〇〇四年（シェリング没後百五十年）五月

松山壽一

まえがき

本書は一般読者のための哲学入門（一、『自由論』をサンプルにして哲学することを学ぶ）であり、シェリング『自由論』への道案内（二、シェリングがどのように哲学しているかに注意して『自由論』を読む）である。この二つは表裏一体になっている。

一、「音楽ってどんなもの？」と聞かれたら、音が繋がってメロディーになってて、と説明をするより、まず聞いてごらん、という方が話は早い。遠回しの説明より、哲学の実物を見てみようというわけである。もっとも、音楽を教えるつもりでジャズを聴かせていたら、別な人が「そんなのは音楽じゃない」などと言い出すこともあるかもしれないが。

実際、『自由論』で哲学入門と言うと、シェリングを知る人は驚くかもしれない。シェリングは哲学史の中で玄人受けはするが、プラトンやカントほどメジャーではなく、『自由論』は難しいと評判だからである。そんなものを素材にしているのだから、入門とはいえ、どこへ連れて行かれることやら。

その通りである。しかし、哲学は歴史も長いし範囲も広い。その全部を網羅的に紹介してもあまり意味がないだろう。何らかの限定が必要だ。だが、その選択にはそれなりの理由がなければならない。一番大きな理由は、哲学にとって「自由」が最も重要だから、ということだ。哲学とは、いわば世界征服の企みである。なぜ世界征服か？ 自分が自由になりたいからだ。しかし、権力とか暴力で征服するのではなく、理屈で説明することによって[1]。そうでなければ学問ではない。だが、理屈だけがあっても、生きたものでなければ自由にはならない。これをどう両立させるかが『自由論』の課題である。

そこからは、単に哲学の一つのサンプルが浮かび上がってくるばかりか、哲学するための方法が学べる。上の課題を解決するためにシェリングが用いたのが、生きた概念を作る、それを元に体系を作る、という方法である。これは哲学の方法の一つにすぎないが、使いようによっては応用が利くと思う。チャートを示すと次の通り。

1 哲学の基礎――概念〔第一章2、3〕 2 哲学の完成形――体系〔第一章5〕

3 概念と関心〔第一章6〕 4 概念とイメージ〔第二章4〕 5 概念の分析〔第三章2〕

6 概念と体系を繋ぐ論理〔第五章1、2〕 7 体系の素材〔第六章3〕

8 概念の操作〔第七章5〕 9 体系の構築〔第九章3〕

二、『自由論』は確かに難しい。しかも、シェリングは早熟の天才肌で哲学史上屈指の「深い」思索家とされる一方、飛躍が多く、幻想的、悪い意味でロマン主義的と見られる（悪口の方が多いか）。シェリングの「深さ」を否定しようとは思わないし、確かにそれは魅力だが、こう評される状況を心地よく思うほど倒錯的にもなれない。授業の感想に「哲学は奥深いです」とか書かれるとがっかりする。たぶんそれは「興味ないです」というのをソフトに言い換えたものじゃないかと思うからである。まずは奥深いかどうかより、「面白い、興味持てます」の方がいい。単純に、哲学に触れてもらいたい、シェリングを読んでもらいたいと思う。本書は、われわれを哲学やシェリングから遠ざけている壁のようなものを取り除く試みで、その意味ではかなり啓蒙的な企てである。

そこで二つのことを考えた。神秘主義の影響下にあるのも確かだが、本人も言うように(VIII, 162)[2]、『自由論』は問題を提示し解決しようとする哲学的企図である[3]。ただ、どんな方法を用いているかは実は明らかでない。そこで「哲学する方法」という観点から読んでみた。シェリングが『自由論』でまともに哲学しているのなら、当然そこには彼流の哲学のやり方があるに違いない。その結果、出て来たのが上の方法である。

もう一つ、『自由論』を高速のテキストとして扱う。『自由論』は確かに問題を提示、解決しているのだが、そのスピードが異常に速い。ということは、短時間での踏破距離が長いということだ。この速度についていけないなら、読む時間を長くすればよい(これが単なる水増しでないことを願うが)。哲学に触れたことのない人にも読めるほどに。もし『自由論』が読めれば、他の哲学書など怖くはない。

しかし、二兎を追って一兎をも得られなくては目も当てられないので、欲張らずに扱う範囲を限った。舞台は第一〇段落までの序論部分。序論と言うだけあって、この部分にはシェリングがここで何をどのように考え、どこへ行こうとしているかが示されていて、内容も十分豊かである。なのに、本論部の難解で魅力的な思索に惹かれてか、研究者は総じて序論に冷淡である[4]。その意味で、ここに議論を集中させることには研究上も意味があるだろう[5]。ただ、後半では折々に本論の概観も挟んで、『自由論』でどんな話題が登場するかを紹介してある[6]。ビギナーはそれらをひとまずスルーしてもいい。というか、難しいところはどんどんすっ飛ばして読めばいい。難しいものは、まず一度速く読んでしまうのがコツだ。後になって分かることもあるし、どこか一カ所でも分かる、使えるところがあれば、それだけでかなりのものだと思う。

何せモノが「哲学」である。世界の真理を探るのである。難しくって当り前。しかも、少々分からないところがあっても、別に命まで盗られることはない。その難しさをワクワク感に変えて、できれば楽しんでいただきたい。

要するに本書は、『自由論』を読もうとする人には、『自由論』がまともに「哲学している」ことを示そうとするものだし、哲学を学ぼうとする人には、本物の思索というものを通して「哲学すること」を学んでもらおうという試みである[7]。

元はと言えばスピノザを中心に研究を進めていた私がシェリングの哲学に取り組むことになったのは、「スピノザの自然思想」という論文を書かなければならなくなったからである。この論文は一九九二年、雑誌『理想』(第六四九号)に掲載され、私のデビュー作となった。まだ大学院にいた頃で、右も左も分からなかった私に(今も分かってませんが)、執筆の指示から文献の使い方、文章の書き方に至るまで指導して下さったのが松山壽一先生である。それから既に十数年経ち、今また先生から『自由論』をテーマにした著書をと仰せつかることになった。しかも、『自由論』刊行二〇〇年を記念して、また叢書〈シェリング入門〉の一冊として。萌書房の白石徳浩社長の了解も事前に得て下さった。いつもながら、お膳立てから種々のアドヴァイスに至るまでお世話になった松山先生、本書刊行を快諾された白石氏に、また草稿を読んで下さった学生・院生さん、友人たちにも心からの感謝を申し上げたい。

二〇一〇年三月

平尾昌宏

哲学するための哲学入門——シェリング『自由論』を読む——＊目次

哲学するための哲学入門

——シェリング『自由論』を読む——

序章　哲学することと自由と

1　哲学と哲学すること

まずは哲学について簡単に。哲学がいつ、どのように始まったか、哲学は元はギリシャ語で「ピロソピア」と言い、これは「知を愛する」というような意味で、最初の哲学者とされるのは紀元前六世紀のタレスという人物で、この人は「世界は水で出来ている」、「万物の根源は水である」と主張した、といったことは書かず（もう書いてしまったが）、他の本に任せることにして、基本的な点だけ。

大学までは「哲学」の授業などない。なぜかと言うと、小学生に哲学を教えても混乱するだけだからである。学校で学ぶのは、大げさに言えば「科学」の成果である。科学はもちろん正しいのだが、なぜ正しいのかと言うと、みんなが「これは正しい」と認めた結果だからである。科学は客観的だなどと言うが、客観的だというのは、「誰が見ても正しい（はず）」ということである。だから、科学を教える場合、生徒に考えさせはするにしても、最終的には「答えはこうだよ」と言えばいいし、生徒もそれを覚えればよい。本当は教育もそんな簡単には行かないが、少なくとも到達点ははっきりしている（ことになっている）。ところが、哲学の場合はそうではない。「哲学を学ぶ」というのは、既に答えが出ていてみんなが認めていることを学ぶだけではなくて、「哲学することを学ぶ」ということである。「自分が哲学する」ことが大事なのだ。

こんな風に言うと、科学は答えがあるけど、哲学は答えがないと理解する人がいる。そうではない。答えがあるかないかという言い方がまずいのである。哲学の答えは、自分が哲学することによって見出せばいい。よく勘違いしている人がいるが、科学はどこまで行っても未完成なので、現在の「答え」は「一応みんなが認めている」というだけの暫定的な解決である。科学とはみんなで手分けして世界を分解することだが、世界は分ければ分けるほどまだまだ細かく分けられるので、どこまで行っても終わらないし、自分一人で完成できない。一方、哲学の方は「自分が哲学する」わけだから、完成できる。問題は、それが他の人にも賛同を得られるかどうかである。賛同とか同意は共感とは違う。「うん、分かる分かる」と共感してもらうことも大事だが、それだけならわざわざ哲学なんかする必要はない。そんな他人任せでなく、自分で考えて納得して、それを人にも伝えられること。そのために哲学は理屈を重視する。たとえ完全な賛同が得られなくても、理解してもらえるところまで行けば上出来だ。そうすればその後で話し合い、対話もできる。

哲学は主体的な活動であると言ってもよいが、要するに哲学はスポーツに似ているところがあって、自分でやった方が面白いのである。自由自在に体を使ってスポーツをするのは楽しい。同様に、自由自在に考える、哲学することができれば、それは楽しいに違いない。哲学を学ぶとは哲学することを学ぶことで、哲学することを学ぶということは、自由を得るということなのである。

ただ、入門のためには現代哲学より古典哲学がいい。なぜなら、例えば芸術音楽で言えば、現代音楽はとっつきにくくてわけが分からない場合が多い（リゲティの「ポエム・サンフォニック」という曲は一〇〇台のメトロノームを動かすだけ、ジョン・ケージの「四分三三秒」などは演奏者は楽器の音を出さない）が、ベートーヴェンとかモーツァルトとかの古典音楽ならわれわれにも分かる。同じように、現象学や分析哲学といった現代の哲学は専門的で技術的すぎる面もあり、やるには一定の訓練が必要なのである。

2 『自由論』について

『自由論』についての事実関係を簡単にまとめておこう。そもそも『自由論』というのは通称で、フルタイトルは「人間的自由の本質とそれに関わる諸対象についての哲学的探究」である（長い）。邦訳は優れたものが二つあり[1]、いずれも「人間的自由の本質」というタイトルになっているが、ここではシンプルに『自由論』と呼んでおく[2]。

『自由論』が最初に発表されたのは、初期の論文を収めたシェリング自選の『著作集』（一八〇九）第一巻のための書き下ろしとしてだった。シェリング三四歳の時である。シェリングには多くの著作があり大作もあるが、主著ということになると、決定打はない。ただ、『自由論』は全集で八〇頁ほどの小著だが、評価はとても高い。近代日本を代表する哲学者で『自由論』の訳者西谷啓治は「シェリングは幾多の輝かしい思想の峯を越えて、この書に至って最も高い頂きに達した」と評しているし[3]、二〇世紀を代表する哲学者ハイデガーに至っては「シェリングの最も偉大な業績であり、同時に、ドイツ哲学の、したがって西洋哲学の、最も深遠な著作の一つである」とまで評価している[4]。

しかし、『著作集』は第一巻で途絶し、これ以降シェリングは、論争文を除いて著作を発表することなく、長い沈黙の時期に入る。その意味で『自由論』は、実質的に最後の著作とも言える。それ以後もシェリングは膨大な草稿を書き続けたが、それらが注目されるようになったのは、二〇世紀も後半になってからである。注目が遅れたのは公刊されなかったためばかりではなく、ヘーゲルの存在が大きい。シェリングより五歳年長ながら、「早熟の天才」シェリングの後を追う形になったヘーゲルは、一八〇七年に『精神現象学』(5)を出し、そこからドイツ哲学界はシェリングに代わってヘーゲルが制覇することになる。『精神現象学』序論でヘーゲルは、それまでのシェリング哲学、いわゆる同一哲学を暗に批判し、それまで盟友だった二人は決定的に決別することになる。

そのため、普通、哲学史では、カントのインパクトから始まって、フィヒテからシェリングへ、そしてヘーゲルへという道筋(ドイツ観念論)が描かれ、そこからは『自由論』以降のシェリングがはじき出されてしまう。既にヘーゲルが『哲学史講義』で、『自由論』は深いが孤立している(Hegel-W. XX. 453)(6)と評していた。

だが研究が進み、こうした見方も修正されるようになってきた。後期哲学の重要性が認められてシェリングは劇的に見直された。『自由論』後に執筆された膨大な草稿(「ヴェルトアルター」草稿)の掘り起こしの結果、『自由論』もシェリングの歩みの中で決して孤立した著作ではなく、むしろ、氷山の一角とも言えるものだと考えられるようになった。(7)『自由論』は中・後期哲学の始まりだと、(8)ヘーゲルが近代哲学の終着点だとしても、シェリングはそれを超える可能性を持つのではないかと。

こうした研究の趨勢は現在も続いている。(9)だが、こうした見方だけでは、不十分ではないかと思う。一つは、その「深さ」においてこれほど評価が高く、優れた邦訳も複数ある『自由論』それ自体が一般に読まれず、シェリング研究の上でも埋もれてしまうのは惜しいからである。実際、『自由論』だけを論じた研究書も解説書もほとんどない[10]。確かに『自由論』には、その「深さ」に見合うだけの難しさがある。節分けも見出しも何もないので[11]、漫然と読むと手がかりが掴めない。そのため本書では、できるだけ明確な骨格、そして方法を取り出そうとしてある。

3 なぜ『自由論』を読むか

『自由論』と言えば、ミルに同名の有名な本がある。だから、しばらく前に学生さんが、「シェリングの『自由論』ってミルの『自由論』みたいなものですか?」と質問に来た。わざわざ質問に来てくれるのはうれしいが、こっちはちょっと脱力する。というのは、ミルの『自由論』は倫理学、政治学にとって極めて重要なものなのだが、シェリングのは全く手触りが違っていて、とっつきは悪いかもしれないが、哲学的な面白さではミルより断然上だと、なぜか胸を張りたくなるからである。あまり先入観を与えたくはないが、ミルのが昼の思想だとすれば、シェリングのは明らかに夜の思想である。

ミルの考えた自由は個人の自由である。われわれは社会の中に生きているので社会は大事だが、全部を社会が決めることになっては困る。だから、一定の範囲、個人の範囲では自由が保障されなければならない。公権力が個人に干渉しようとするのを制限するのがミルの自由論である。これは個人を守ろうとするものだから、「消極的自由」と呼ばれる[12]。プライバシーという考えはここから来ている。

ミルの考えは重要だし、分かりやすい。一方、シェリングの自由は「積極的自由」ということになると思うが、あえて言えば「絶対的な自由」である。絶対的なもの? しかし、現代のわれわれにとって既にそれは、遠い。[13]自分には縁遠いと思う人も多いだろうし、古典だと言ってもそんなものを読む暇はありません、と言われてしまうかもしれない。しかしシェリング『自由論』で扱われている課題は、実はわれわれにとても身近なものではないかとも思う。そこで、子どもの素朴さ（それは暴力性でもある）を利用して、『自由論』のテーマをざっくりとした形で切り出しておきたい。

4　むかし、あるところに……

むかし、あるところに小学校低学年の子どもがいました。学級担任の先生が、クラスで班を作り、掃除当番や給食当番などを順番に受け持つようにしましょうと提案しました。それぞれの班には、自分たちで考えた名前をつけてもよいというのです。

子どもは自分の班に「たいよう」という名前をつけました。せっかくつけるのなら、「いちばんおおきい」ものがいい、と思ったからです。「たいよう」が自分たちの住んでいる地球よりも大きくて、この世界で一番大きい、最強だと思っていたからです。そんな名前を自分の班につけられて満足しました。「たいよう」がますます好きになりました。

子どもはそのせいで、「たいようほえーるず」が好きになりました。今、横浜ベイスターズと呼ばれているプロ野球チームは、その頃そういう名前だったのです。かわいそうな子どもは、「太陽」と「大洋」の区別がついていなかったのです。

ところが、さらに不幸なことに、その頃の「たいようほえーるず」はとても弱いチームでした。強かったのは「きょじんぐん」です。「きょじん」というのは、「とても大きい人」のことらしいのです。いくら大きくても人なのに、「たいよう」よりも強いというのは納得できませんでした。「たいよう」は最強ではなかったのでしょうか。

ぼくはたいようがいちばん大きくてつよいとおもったけど、これはおかしいかもしれない。もっと大きいのは、うちゅうじゃないだろうか。それか、せかい。せかいいち大きい、というかんがえがへんだった。だって、うちゅうとかせかいなら、それだけでたいようもちきゅうも、きょじんも、つまりせかいのなかにあるぜんぶのものが入っているんだから、もう「せかいでいちばん」とかんがえなくてもいい、と。

こうして子どもは、次の班替えがあったとき、今度は「せかい」という名前をつけたのです。しかし、また困ったことになりました。自分たちが「せかい」で、「ぜんぶ」をつかまえたつもりだったのに、他の班があって、「りす」とか「くま」とかの名前がついているのです。「りす」も「くま」も「ちゅーりっぷ」も、「ぜんぶ」入れて、「ぜんぶ」あわせて、「せかい」のつもりだったのに。

この後もあわれな子どもの冒険は続いた。そもそも「ぜんぶ」を掴まえたはずの「じぶん」はその中に入っているのだろうか。入っていなければ、「ぜんぶ」と言えないし、かといって、入っているのなら、「じぶん」が「ぜんぶ」を掴まえたのではなくて、「じぶん」が「ぜんぶ」に掴まっていることになる、と。

こうした頭の悪い子どもとシェリングを一緒にしたいのではない。しかしシェリングは『自由論』冒頭で、古くから〈自由と体系は両立しない〉と言われてきた、と言う。体系とは哲学が目指してきたもの、世界全体を一まとめにして捕まえたもののことだ。しかし、そうだとすると、自分もその中に入ってしまうわけだから、自由もなくなってしまうのではないかと人々は言う、というのである。せっかく子どもの無法な暴力性を活用しようと考えたのだから、ひとまずは、子どもの「ぜんぶ」を「体系」と、「ぜんぶにつかまっていないこと」を「自由」と読み替えることを許してもらおう。この二つが両立しないとすると、「じぶん」の「自由」を否定するか、「ぜんぶ」としての「体系」もしくはそれを求める「哲学」を否定するかしかない。シェリングはその両方を諦めなかった。「じぶん」＝自由も、「ぜんぶ」＝体系も両方成り立つはずだ。しかしどんな風に?

はっきり言って、ミルはこんな頭の悪いことは考えなかった。もっと「現実的に」考えて、必要なのは社会から個人への干渉を制限することで得られる、狭い範囲の消極的自由だとした。それに対してこの子どもは、そんなおとなしいことを考えず、あるいはそんな現実的なことに頭が回らず、「『ぜんぶ』からの自由」を考えた。シェリングは、この点ではミルよりもこの子どもに近い。シェリングが言うように、この問題は古くからあって、いつまでも消えない疑問である。シェリングはこの問いに、徹底してつきあおうとした。そうしたシェリングにわれわれもしばらくつきあってみたい。シェリングの問いかけにつきあい、彼と対話すること、『自由論』を読んでみることは、必然とは言わないまでも、少なくとも許されはするのではないだろうか。もしそれさえ許されないのなら、「世界」とはいったい何なのだろう。そんな世界なら、「じぶん」も「自由」もありえない。

5　自由と体系の哲学史

いきなり現代哲学というのもいいが、古典哲学なら、それを砕いて説明してやれば、例の子どもでも、こんなこと考えていたぼくもひとりぼっちじゃなかったんだ、と思えるかもしれない。だから、ここで少しだけ哲学史を見ておきたい。少しだけなのは、問題を限りたいからである。子どもの言葉で言えば「じぶん」と「ぜんぶ」、シェリングで言えば「自由」と「体系」の関係の問題である。

哲学の歴史は古代ギリシャから始まるが、古代、中世ではこの問題はまだはっきりとはしない。シェリングは「序文」で、「精神的なものの本質に数えられるのは、まずは理性や思考、認識だから、自然と精神の対立が最初にこの面から考察されたのは正当だった」と言っているが、これは明らかに「近代哲学の祖」デカルトを指している。シェリングは、この後のたった一文でデカルトからカントを経て自分の現在の状況まで一気に語ってしまっている（一文で、哲学史およそ二〇〇年分！）。ここではもう少し説明を加えておこう。子どもにも分かるかもしれない親切さと粗雑さでではあるが。(14)

《デカルト》「せかい」と「じぶん」を、全く切り離してしまうことで、「じぶん」の「自由」を主張したのがデカルトである。デカルトの名高い「われ思うゆえにわれあり」とは、「私が存在するためには、ただ、『私が考える』ということさえあればよい」ということである。われわれは普通、この世界に、体を持って、ここにこんな風に存在していると思っている。しかしデカルトは、「私は考える」だけを「じぶん」の元手にして、「せかい」から脱出した。いわゆる「近代的な自我の自立」である。デカルトが言う「じぶん」は、「考える」ものとしての精神、自我なのである。逆に、「せかい」は、精神以外のもの、つまり物体の世界、自然である。デカルトはこの両者を明確に切り離した。いわゆる物心二元論である。上の引用でシェリングが言っていたのはこのことだ。そして、「じぶん」は世界から完全に切り離されており、その外にいるわけだから、世界から完全に解放されている、全く自由だ、何でもかんでも区別なく（つまり無差別に）意志することができる、ということになる。

《スピノザ》 しかし、子どもが考えたように、こうした考えでは納得できない点が出てくる。デカルトの言う「世界」は「私」を取り除いた残りにすぎないから、「ぜんぶ」ではないからである。ただ、デカルトはここで、神を登場させる。デカルトの「私＝精神」と「世界＝物体」は、お互いを取り除いた「残り半分」なのだから、限られたもの、有限なものである。それを超える無限性を示すのが神である（神は宗教の問題に限らない。哲学では「神」とはつまり「ぜんぶ」のことであると考えればよい）。だが、それだけにデカルトでは、「ぜんぶ＝神」と「じぶん＝自由」との関係が明らかでなくなる。やはりこの二つは両立しないのではないか。そこで、「じぶん」は「ぜんぶ」の外にあるのではなく、「ぜんぶ」である以上は「じぶん」もそこに含まれている、と考えたのがスピノザである。これも乱暴に言えば、スピノザは世界ないし自然と神とを区別しない。いわゆる「神即ち自然」の思想（汎神論）である。しかし、それなら「じぶん」には自由はなくなってしまうのだろうか。実際、スピノザはデカルトと違って、自由意志などないと考えた。ただし、意志の自由はないが、「じぶん」が「ぜんぶ」の中にあって、「ぜんぶ」によって決定されていること、その必然性を認識することこそが自由なのだとする。しかし、「ぜんぶ」によって決定されてしまっているのなら、「じぶん」がどうしようが、どう考えようが、そんなことには意味がなくなってしまうのではないだろうか。あるいは、もう「じぶん」もないというのと同じではないだろうか[15]。

《カント》だとすると、やはり「じぶん」と「ぜんぶ」は分けた方がいいかもしれない。ただ、デカルトとは違ったやり方をしなければならない。デカルトは、自然の「せかい」から「じぶん」を解放したが、「ぜんぶ」としての神と「じぶん」との関係に戸惑った。あらゆるものから、本当の意味で「自由」であるためには、単なる「解放」ではだめで、むしろ、「じぶんでじぶんを決定する」と考える必要がある。これがカントの「自律」である。デカルトの「じぶん」は単なる「私」にすぎなかったが、カントが言うのは、「私」というよりも「われわれ」であり、個人ではなく普遍的な人間、正確には人間の理性である。この立場に立つことでカントは、デカルト的な自由(無差別の自由)を乗り越えることができた。理性によって「じぶん＝われわれ」を律し、決定することこそが真の自由だと。同時に、これによってカントは、「神」という、便利かもしれないが厄介なものも遠ざけることに成功した。デカルトでは、「じぶん＝精神」の他に「せかい＝自然」があり、さらにその両方を創造した「ぜんぶ＝神」がある。「じぶん＝精神」の立場からすれば「自由」だが、そこには「ぜんぶ＝神」という壁があった。だがカントは、他の何ものに決定されるのでもなく、われわれ自身がわれわれのあり方そのものを決定するという考えを採ったため、「ぜんぶ＝神」を考えなくてもよくなった。

これは画期的な考えだったが、「ぜんぶ」の問題を解決したわけではない。カントは慎み深く、その問題を棚上げしたのである。カントもさすがに「せかい＝自然」も「われわれ＝精神」が作ったのだとまでは言えなかったのだ。ただ、「ぜんぶ＝神」を「われわれ」から遠くへ押しやって、制限された範囲内で哲学を自律させ、一方、信仰の領域はその外でオープンなままにしたのである。

《フィヒテ》 しかし、大人はその辺で折り合いをつけるかもしれないが、子どもはそんなことで納得しない。納得しなかったカントの子どもたちにつけられた名前が「ドイツ観念論」である。長男に当たるのがフィヒテである。(16) フィヒテはカント的な自律をさらに徹底して、「じぶんがじぶんを決定する」だけではなく、「じぶんがじぶんを作る」（自己定立）と考えた。この立場からすれば、「せかい＝自然」は「じぶん」から独立して存在するものではなく、極端に言えば「じぶんの作ったもの」になる。ここまで行くとちょっと行き過ぎか、とも見えるが、すっきりした考えではある。

シェリングは次男に当たるとされる。だがこの次男は、長男とは違って、父親だけではなく、いろんなおじさんたちから多くのことを吸収している。シェリングが、「ドイツ観念論」の枠組みから大きく外れるように思われるのはそのためであるし、われわれにとってシェリングを読むのが厄介（で、かつ愉快）なのは、こうしたおじさんたち（プラトン、アウグスティヌス、ベーメ、スピノザ、ライプニッツら）の存在があるからである。

《ヤコービ》 さらに、従来の哲学史では目立たなかったが、『自由論』を考える際に決定的な意味を持つおじさんがいる。ヤコービである。常識的な目から見れば、カントは穏当な立場を採ったように見える。まだまだキリスト教の影響力の大きい中で、哲学を哲学として基礎づけながら、信仰にも席を空けておく配慮を見せている。しかし、ヤコービからすればそれはごまかしにすぎない。そこで確保されているように見える信仰の領域も、「われわれ＝理性」の視点から見たものにすぎないではないか。それどころか、カントの子どもたちはさらに露骨に、哲学が「ぜんぶ」を覆うかのように主張している。彼らが構築している哲学の体系は、信仰、感情、自由を抹消している。その意味ではかつて「ぜんぶ」だけを主張したスピノザ主義と同じだ、とヤコービは言い募る。

《シェリング》 こうして見ると、「じぶん」と「ぜんぶ」、自由と体系の問題には二つのレベルがあることが分かる。一つには「じぶん」と「せかい」の関係、もう一つは「じぶん」と「ぜんぶ」の関係である。言い換えると、精神と自然の関係と、人間と神の関係。だから自由もこの二つの水準で考えることができる。『自由論』を読むということは、この二つの関係を解きほぐすということである。

『自由論』から既に二世紀が過ぎ、その間に哲学は様々に展開した。しかし、こうした問題は、単に哲学史に収めて済ませられない。例えば、分子生物学の発展によって、また脳科学の進歩によって、従来われわれが前提していた「人間」や「自由意志」を抹消しようとする試みが登場している[17]。その意味では『自由論』は、現在でも十分なリアリティを持つ本物の哲学的問題を扱ったものだ。

第一章　『自由論』の課題

1 『自由論』は何を論じているのか〔第一節〕

さて、難しいとか訳が分からないとか、ありがたくない評判の多い『自由論』だが、シェリングが何を考えたかったかは、案外ストレートに、しかも冒頭に示してある。

「人間的自由の本質に関する哲学的探究は一面では自由の正しい概念に関わり……、一面ではこの概念と学問的世界観の全体との関連に関わると言える」（第一節）。

「自由の正しい概念」、そして「自由の概念と学問的世界観全体との連関」。『自由論』の主題はこの二つである。「学問的世界観全体」というのは、一言で言えば「ぜんぶ」としての「体系」のことだから、「自由と体系の連関」と言い換えてもいい。

まず一つ目に確認しておくと、『自由論』は一見すると自由に、思いつきをそのまま書いただけにも見えるが、実はこんな風に問題を提示して、それを解決しようとしているのだから、その点とてもまっとうなやり方をしているということである。当たり前のことだが、何かを考えようとするなら、自分が何を考えようとしているのかを明らかにしなければならない。何が問題なのか分からないまま、答えだけ得ようというのは甘いだろう。

二つ目に大事な点。「自由の正しい概念」と、「自由と体系との連関」という二点が『自由論』の主題なのだから、『自由論』のどこを読む時もそれを念頭に置いておかなければならない。『自由論』では多彩な主題が取り上げられるように見える。この短いテキストには限りない豊かさがある。しかし、それら、例えば、悪の魅力的な概念や神に関する議論なども、全てこの主題の変奏である。

2 まずは哲学の基礎のようなもの――《概念》

一つずつ考えよう。「自由の正しい概念」。しかし、そもそも「概念」とは何だろうか。英語ならコンセプト、ドイツ語ならベグリフ、両方とも「掴む」という意味の動詞（英語はラテン語の concipio、ドイツ語は bgreifen）に由来する。哲学の最も基本的なやり方は、ものごとを「掴む」こと、「概念」を作ることである。

何せ哲学は歴史が長い上に自由なものだから、様々な方法がある。「分析」とか「直観」とか。分析は細かく分けて行って、それぞれの部分を明確にできるが、全体を見通すのに難がある。逆に直観はものごとを瞬時に把握できて便利だが、致命的な難点がある。どうやったら直観できるかを人に教えられないことだ。例えばベルクソンというフランスの哲学者は直観を重視し、深く考えた人だった。直観と分析を対比して、直観は対象となるものの中へずばっと入っていくことだと言う(1)。一方、分析は対象となるものの回りをぐるぐる回っているだけだとして、ずいぶん分析をバカにしている。しかし、直観を説明しようとしても、直観は直観だし、こんな感じで、分析とは違うし、というようなことしか言えない。直観は説明できないから直観なので、直観を説明しようとすると、今度は直観の回りをぐるぐる回っているだけになってしまう。

哲学者はなぜお互いに批判ばかりしているのか、例えばアリストテレスはプラトンの弟子なのに、なぜプラトンを批判するのか、という質問をよく受ける。建前的に言えば、それは哲学が真理の追求だからである。師匠であろうが誰であろうが、間違っていれば批判していい。これが宗教と哲学との違いである。宗教は場合によっては理屈を超えるから、教えは絶対である。しかし哲学のいいところは、理屈で反論したり批判したりできるところである。しかしもっと言うと、哲学者たちは学説の内容についてあれこれ争っているばかりではない。科学者も相手が間違っていれば批判したらいい。しかし、科学の場合には、科学である以上は共通のやり方、手続きがある。しかし哲学の場合、驚いたことに、哲学者によってやり方が違っている。哲学史というのは、人間が智慧を絞って考える方法を考えてきた歴史である。そして実は、科学もその中から生まれてきた一つの方法なのである。

さてシェリングだが、実を言えばシェリングも若い頃には「知的直観」なるものを重視していたが、『自由論』の頃になるとそれを言わなくなっている。(2) シェリングとヘーゲルの立場が入れ替わるきっかけになったのが、ヘーゲルのシェリング批判だった(『精神現象学』序論)。それは、「知的直観」の評価に関わっている。ヘーゲルに言わせれば、知的直観はピストルを撃っていきなり絶対的な真理に到達しようというようなもので、哲学はそんな都合の良い話ではない、というのである。逆にヘーゲルが重視したのが概念だった。シェリングにつきあおうというのに、ヘーゲルの得意技に頼るのはちょっとしゃくだが、概念は別にヘーゲルの専売特許ではない。ヘーゲルにあまり拘らずに、概念について自由に考えてみよう。古典的なやり方と言えばそうだが、導入としては悪くない。

実のところ、われわれが今ではごく普通に使っている言葉の中には、哲学者たちが作った概念がたくさんある。例えば、「君たちには無限な可能性がある」などと言う場合の「可能性」というのは、古代ギリシャの哲学者アリストテレスが作った概念である。アリストテレスは、ものが変化するとはどういうことかを考え、それは、そのものが潜在的に持っている力が開花することだと考えた。その潜在的な力を「デュナミス」と呼び、実現した姿を「エネルゲイア」と呼んだ。このデュナミスが可能性である。デュナミスからダイナミックという言葉も生まれている。エネルゲイアは現実性である。これがエネルギーの語源である。手とか道具とかで物理的に掴まえられないもの、考えなければ現れてこないものを掴む。これが概念の凄みである。アイディアとかユートピアとか、今では普通に使われている言葉も、元は哲学的な概念である。現代で言えば、結構ヒットしたものに「ゾンビ」の概念があるし、しばらく前には「帝国」という概念が大流行した。

3 「妖怪」の概念を作る

しかし、哲学はすることが大事なのだから、ここで試しに概念を作ってみよう。いきなりで申し訳ないが、「妖怪」の概念を考えてみる。なんで妖怪なのかと言うと、普通「妖怪」など訳が分からないものと思われているからである。例えば、「ヒダル神」というのは山道などを歩いているときに取り憑く妖怪で、この妖怪に取り憑かれるともう一歩も動けなくなってしまうと言い伝えられている。しかし、何か食べ物を口に入れると、ヒダル神から逃げられるらしい。例えば「天狗倒し」。山の中で、誰もいないはずのところで、突然に木が倒れる音がする。人々はこれを天狗の仕業だと考えていた。

妖怪などいない、と言う人がいるかもしれない。ヒダル神とは、現代的な目から見れば、要するに急激な低血糖症である。天狗倒しは耳の錯覚か何かに違いない。が、妖怪が「いるか、いないか」はあまり問題ではない。妖怪は、実際にその本体を見たという人はいない。出現する場所や時間は決まっている（まれに出てくるが）ので、つまりは一種の「現象」である。しかも多くの場合、出現する場所や時間は決まっている。そうした現象が繰り返し起こり、それに人々は一種の法則性を見出しているわけである。しかし、単なる現象ならいくらでも起こっているので、わざわざ「妖怪」のせいにしなくてもいい。「妖怪」の現象は、一種の法則性があるようだけど、その原因が分からないので、不思議に思えた。だから、人々はそれを「妖怪の仕業だ」と解釈したのだろう。そこで、「似たような状況で繰り返し起こるのだけれども、何だか不思議に思える現象」、これを「妖怪」の概念としよう。

しかし、「妖怪」の概念など何の役に立つのか。一つには、訳が分からないものを明確にできることだ。そうすれば、似ているけど違うものとの区別もつけられる。妖怪の概念からすると、妖怪は幽霊とは全然違う。幽霊は、お岩さんとかお菊さんとか、固有名詞で呼ばれる。明らかに人格的なのだ。しかし、妖怪は現象なので人格とはあまり関係がない。妖怪の名前は固有名詞ではないのである。

もう一つ、概念の利点は、具体的なものから離れられることである。哲学、概念などと言うと、「抽象的で分かりません」と言う人がいる。しかし、あまり具体的なもの、細かい点に拘っていると、却ってものが見えにくくなる。現代フランスの哲学者メルロ＝ポンティの言い方では（『知覚の現象学』序文）[3]、世界から一歩退くこと、これが哲学である。なぜそんなことをするのか。それは自由になるためである。

哲学がある意味で現実離れしているのは当然で、逆に言えば、われわれは現実的でいるつもりでいて、実は現実に巻き込まれて不自由になっている場合が多いのではないだろうか。

哲学するため、自由になるために抽象は大きな力になる。抽象というのは、大事なところ（象）を引き出す（抽）ことである。細かい点を取り除いて、大事なところだけを取り出したのが概念で、概念は抽象的だからこそ、適用範囲が大きくなるのである。会社で働く時などもコンセプト作りが大事になるのは、今までみんなが何となく従っていたものから自由になって、新しいことをやり始めるのに不可欠だからだ（最近では、アラン・ケイが昔考えたダイナブックという概念がiPadに結実した）。ヒダル神とか天狗とか、垢なめとかぬらりひょんとか、知られているいろんな妖怪の具体的な姿から離れて（自由になって）、妖怪の「概念」から世界を眺め直してみる。すると、「似たような状況で繰り返し起こるのだけれども、何だか不思議に思える現象」はとてもたくさんあることが分かる。

例えば、私の家から駅まで行くには三つの横断歩道を渡るのだが、一つ目の信号が赤なら、次の信号も赤というように、次々に信号に引っかかる。しかもこれは、急いでいる時によく起こる現象である。これは明らかに、「赤信号ひっかけ妖怪」の仕業である。

私は猫が好きで、町で猫がいるのを見ると、つい近寄って構いたくなる。ところが、である。ゆっくり散歩している時には猫と出会わないか、見かけても猫が逃げる態勢になっている。逆に、急いでいる時に限って猫を見かける。この場合には向こうもこっちを見ている。側に行ってふかふかの毛皮を撫でてやりたいのだが、時間がない。悔しい。たぶんこれは、私を学校に遅刻させようとする「妖怪・猫招き」の仕業なのである。

こうして世界は妖怪に満ち満ちていることになる。概念を通して見ると、世界が違って見えるわけだ。「妖怪」が「似たような状況で繰り返し起こるのだけれども、何だか不思議に思える現象」だからである。現象だから、見つけようとすればいくらでも見つかる。だから、伝統的な妖怪だって無数に考えられてきたし、実に多様である。妖怪漫画家の水木しげるが、あんなに長く妖怪マンガを書き続けられるのは、そのためなのである(4)(もっとも、水木サン自身が妖怪だから、という説もあって、この説も捨てがたい)。

4 自由の概念〔第一節〕

さて、シェリングに戻ろう。そもそも、「自由の概念」などというものがなぜ問題になるのだろうか。言うまでもなく、それは「自由」が大事だからである。それなのに「自由」がどういうものなのか分かっていないからである。

実際われわれはみんな「自由」という言葉を使うし、どんな意味かも知っている(と思っている)。例えば、健全な社会生活を営むには、ミルの言うような自由で十分ではないだろうか。しかし、シェリングの考えではそうではない。上に引用した『自由論』冒頭の一文は「……」で省略した部分がある。その部分を改めて見てみよう。

「自由の感情は直接的に個々人それぞれに刻印されている」とシェリングは言う。誰もが「自由だ」と感じる時があり、だから、自由とは何であるかも知っているはずである。しかし、自由は「決して表面に浮かんでいるようなものではなく、そのため、自由を単に言葉に表現するためだけにでも、普通以上の感覚の純粋さと深さが必要であろう」。表面に浮かんでいるようなものではない。言い換えれば、「自由」はいわば深い場所に秘められた根を持っている。その根っこのところから、本当の意味で自由を捉えたい。これがシェリングの願いなのである。実際シェリングは、本論に入ると、「根底」という概念を提出する（第一二節）が、これが自由の根っこになる。

シェリングにややマイナー感があるのは、一つには次々に立場を変えているように見えるからだ。ギリシャ神話の変わり身の速い神様になぞらえて、シェリングはプロテウスだと言われたりする。実際、最初期には自我哲学（第一〇章参照）を構想し、次いで自然哲学で独自の立場を確立し（第七章）、さらに美的観念論、同一哲学（第五章）と変転を重ねたかに見えるが、彼にとって「自由」は、自我や自然、芸術と並ぶ一つの対象なのではない。自由は「哲学のアルファでありオメガ」だ（Hegel-B, I, 22）[5]と若き日に既に明言していたシェリングにとって、哲学するとはすなわち自由を掴むことなのである。

しかしちょっと待て。「哲学のアルファでありオメガ」というような決め台詞には警戒しなければならない。「哲学者の名言とかを紹介してください」といった要望を書いてくる学生さんがいる。しかし、哲学は詩や小説ではない。野暮ったく見えるかもしれないが、かっこいいセリフに出会ったら、「それどういうこと？」と考えてみた方がよい。実際、上の説明にはちょっと不思議な点があるのではないだろうか。普通の理解だと、自由というのは、他のいろんなものに縛られない、解放されているということだ。なのに「自由が根を持つ」って何？　根っこに支えられているのだったら、自由ではないのではないだろうか。この点を考えるには、『自由論』のもう一つの主題を見る必要がある。

5　哲学の完成形――《体系》〔第一節〕

もう一つの主題とは、「自由と体系との連関」だった。「しかし」と、上に掲げた冒頭第二文に続いてシェリングは言う。「どんな概念も個別に規定されることはできず、それと全体との関連が示されて初めて学問が最終的に完成されるわけだが……」。哲学の基礎が「概念」、それらが組み上げられた「ぜんぶ」が「体系」である。この体系こそが「学の最終的な完成」形態である。つまり、「哲学する」とは(少なくとも一つのやり方は)、「概念」を組み立てて「体系」を作ることなのである。

その意味で言えば、子どもはやっぱり子どもである。「ぜんぶ」としか考えられていなかった。何でもかんでも全部寄せ集めて、くらいに考えていたのかもしれない。叙述の都合で、これからも「ぜんぶ」という子ども仕様の概念は利用させてもらうが、体系は単なる「ぜんぶ」の寄せ集めではない。世界にはいろんなものがある。それを全部集めたとしても、それは「体系」ではない。「世界ってどんなもの？」という問いに対する答えが「体系」だと言えるだろうが、この問いに対して「いろんなものがあるよ、で、その全部が世界だ」と答えたとしても、それは単に事実を述べているだけである。残念ながらこれでは哲学にならない。体系は「まとまり」である。概念そのものが一つのまとまりだったが、その小さな「まとまり」が、さらに大きな「まとまり」になった時、体系が成り立つ。一つの「まとまり」を作ること、これが「統一」である。概念も一つの統一だが、体系は「全体的統一」である。哲学の本を読むと、やたらと「統一」という言葉が出てくるが、それは哲学が、一つの観点から統一的に世界を見たものだからである。

例えば、タレスの「世界は水から出来ている」という主張は底なしに下らないように思えるが、それが最初の哲学と言われるのは、「水」という観点から世界全体を見た、一つの世界観になっているからだ。だから、概念を作ったとしてもそれで終わりではなく、そこから世界全体を見て、他の概念とうまく組み上げ一つのまとまりにしなければならない。逆に言えば、出発点は何でもいい。自分に関心のあるものがあるなら、そこから始めればいいのである。ただ、それを概念にする。そして、それを世界全体に繋げること(6)。もっとも、世界へと繋げる作業は確かに簡単ではない。例えば、前に授業で妖怪の話をして学生さんに感想を書いてもらったら（授業でそんな話をしているのか？ しているのである）、「今日の授業は一秒たりとも楽しくありませんでした。妖怪がいるなんていうことになると、何でも妖怪のせいにしてしまって、責任ということがなくなると思います」というのがあった。私は「妖怪がいる」などとは言っていないので、この意見はその点でポイントを外しているのだが、それはともかく、この意見自体は正当であるように思える。実際、「僕も妖怪によく出会います。『授業中眠くなる妖怪』です」、とか書いてくる学生さんがいるわけである。これでは確かに「それは君の責任だ、妖怪のせいにするな」と言いたくもなる。すると、妖怪論を撤回するか、責任逃れができないように概念を修正するかだ(7)。そのためには、いろんな方面からの視点を持つ必要がある。

6　自由のリアリティ——概念と《関心》〔第一節〕

妖怪の概念くらいなら撤回してもよい。しかし、ここで考えようとしているのは「自由」である。「自由などない」という主張もありはありだが、そう簡単に手放せない（何もかも、自由まで手放してしまった果ての「自由」も考えられるが）。概念にも重い軽いがあるが、「自由の概念は、もしそれが実際に実在性を持つのであれば、体系の単なる従属的ないし副次的概念ではなく、体系の支配的中心点の一つでなければならない」。

自由と言えば、「何かから解放されていること」というように漠然と理解されてはいる。しかし、もし「自由」がそんな風に「感じられる」だけの感情、感覚でよければ、哲学など必要ない。自由は実在性《リアリティ》を持つ、根も葉もある本当の意味での自由でなければならない。それは、「実在する」かどうかを考慮しないで作った「妖怪」の概念などとはものが違うのである。でも、もしそうであるなら「自由」も「体系」に含まれるはずだ。しかし、そうなると、自由は体系の中に捉えられて、自由でなくなってしまうのではないか。だからこそ、自由の概念が体系全体とどう関わるのかが問題になる。

とはいえ、この問題に何のリアリティも持てない人もいるかもしれない。そこで例えばこう考えてみよう。自分が今一番好きなもの、すごく《関心》があるものを考えてみる。例えば、私はサッカーが好きである。ここから、例えばメッシのドリブルとか、長友の絶妙のセンタリングとか、ガチャピンというあだ名があって普段は愛嬌のある遠藤が時に見せる恐ろしく凶悪な表情とか、あるいはマンUの組織力とか、セレッソの攻撃力と守備力のアンバランスとか、いろいろ考えたいことはあるのだが、そうした具体的なものはひとまずぐっと我慢する。つまり抽象する。ただ、単に抽象的に考えるのではなく、昔サッカーを自分にとってリアルに考えるために、なぜ私がサッカー好きなのかを考えてみる。すると、昔サッカーをやっていたから、ということもあるが、敵味方合わせて二二人の動きが繋がる美しさに惹かれていることが分かる。その点で言えば、私は野球はそれほど好きではないのだけれども、三塁打は好きだ。ホームランは力強いけど、野手の動きが止まってしまう。三塁打でしかもランナーがいたりすると、全体の動きが忙しくなって、良いプレーの場合にはその連動がきれいだ。とすれば、これが私の本当の《関心》なのだ。

タレスは水というものがとてつもなく大事に思えたのだろう。たぶんある日、水に取り憑かれたのである。そして、それを世界全体に広げた。その結果が「万物の根源は水」なのである。われわれにとっても、大事なもの、これがなけりゃと思うようなもの、関心のあるものがあるだろう。実は、哲学者たちの争いは、内容や方法の違いに加えて、関心の違いから来るところが大きい。《関心》こそ概念の源である。何のきっかけもなく概念が生まれるはずがない。世界は常にわれわれを哲学に誘っている。要はそれに気づくかどうだ。アリストテレスは「驚き」、日本最初の独創的な哲学者西田幾多郎は「悲しみ」に哲学の出発点を見たが、他のものでもいい。妖怪の場合なら、次々に信号に引っかかって「あれっ?」と思ったり、「イラっ」と来たりする。そこで《関心》が生まれ、起こっている事柄を掴む。掴んだら放さない。それが概念、哲学の素である。

概念を作る。それを体系にまとめる。しかし実を言えば、それだけではすかすかである。重要なのは、概念と体系の関係をどんな《関心》、あるいは視点から見るかである。シェリングの場合、単なる自由ではなく、リアルな自由を求めていた。もっと言えば、自由が持つリアリティこそシェリングの《関心》だった。だからこそそこから考えを広げられたのだし、それが何よりも重要だと考えたから、全体をその観点から捉えたい、自由と体系との関係を考えたいと思ったのである。

上では「自由の正しい概念」と、「自由の概念と体系の連関」という二つの主題があるかのように考えたが、こうしてみると、その二つが実は一つであることが分かる。「自由の正しい概念」の探究は、それが体系にしっかりと根を下ろしているリアルな自由の探究で、それはつまりは「自由の概念と体系との連関」の探究と同じことだからである。こうして、「探究の上記の二側面は、どこでもここでも結局は一つに帰することになる」。

7 自由と体系の両立可能性〔第一節〕

第一節後半を見よう。体系とは全体的統一のことだし、自由は体系の支配的中心点だった。そのため両者は、互いに自分の優位を主張することになり、例の子どもが悩んだように、ここに矛盾すら生じかねない困難が現れてくる。

「古いけれど決して消え去らなかった言い方によれば、なるほどこう言われている。自由の概念はそもそも体系と両立しないのであり、統一性と全体性を求める哲学は自由の否認に至るのだと」。

子どもの言い方で言えば、「ぜんぶ」を強調すると、その「ぜんぶ」を捉えようとしている「じぶん」が「ぜんぶ」の中に埋もれてしまう。個人の自由といっても、「ある仕方で世界全体と……連関している」からである。そこでこういうアイディアが考えられる。例えば神のような全知全能の存在があったとする。神は世界の「ぜんぶ」を把握している、つまり「体系」を知っているはずである。だが、人間の知性は有限だから、体系全体を見られない。だから人間は、自分たちは自由だと思う。こうすれば体系と自由は両立するのではないか。だがシェリングは、その考えはおかしいと言う。「こうした体系は人間知性の洞察には決して到達できないものだと主張しても、何も主張していないのと同じである」と。つまり、「じぶん＝自由」と「ぜんぶ＝体系」という二つの立場が矛盾するからといって、体系はあるのだが神の知性の中にあるので「じぶん」には分からないと主張するのは、逃げでしかないと言いたいのである。それはスピノザが喝破したように、「無知の避難所」（『エチカ』第一部付録）[8]に逃げ込むことでしかない。古代の思想家セクストゥスからの引用も用いて（長い引用だが、核心は「等しいものは等しいものから認識される」の部分にある）、神の知性と人間知性の断絶にシェリングは反対する[9]。「体系」であるなら、それは人間レベルに限られた限定的な体系ではなく、神であろうと人間であろうと認めなければならないような「体系」そのものなのである。

しかしシェリングは、体系が自由を否定すると考えてしまうのは、「学に反発を抱く」からで、それは「学といえば幾何学の認識のような、全く抽象的で生命のない認識を理解してしまっている」からだと言う。ここで念頭に置かれているのは、ヤコービのスピノザ批判である（スピノザの『エチカ』は幾何学的形式で書かれている）。先取りして言えば、シェリングが求めるのは「抽象的で生命のない認識」による体系ではなく、いわば生きた認識による体系なのである。「ぜんぶ」はがっちりと捉えられた不動のものではなく生きた体系で、だからこそそこでは「じぶん」も自由でありうるのだ、と。

これが「ぜんぶ」としての「体系」の側から問題を語ったものだとすれば、他方で「自由」を担う個別の「じぶん」の側からの捉え方も考えられる。「それくらいなら、根源存在者の意志や知性の中の体系といったものをも否定し、そもそも個別の意志だけが存在するのであって、その各々が自己にとって中心点をなしていると、フィヒテ的な表現を用いれば、各自の自我が絶対的実体であると述べる方が、より簡単で決然としているだろう」。

しかし、個別性、有限性だけを主張する「じぶん」の立場も、それだけではバラバラになるから、結局は統一性を認めざるをえなくなって、「諸々の矛盾と無法に陥った」とシェリングは言う。全体を見通している人格を持った神というようなよく分からないものを前提しないつもりで、結局は「道徳的な世界秩序という貧しい形」で神を認めるという中途半端に陥っている、というのである。(10)

こうしてシェリングは、「ぜんぶ」は自由を否定すると考える立場と、「じぶん」の立場から全体を否定する見方を取り出して、両方ともが矛盾に陥るのだという。逆に言えば、シェリング自身は「じぶん」と「ぜんぶ」、自由と体系はそんなに単純に対立するものではないと言いたいのである。ただし、そのためには、体系を求める哲学が「全く抽象的で生命のない認識」などではないこと、自由を認める立場も「じぶん」に閉じこもってはならないことが注意されているわけである。

8　序論部分の構成〔第一—一〇節〕

『自由論』の二つの主題は結局は一つになる。しかし実際に『自由論』の各場面を見ると、時に自由の概念、時に体系の全体性が表立って、その場を支配している。『自由論』を読むということは、表に出ている方を明確に掴みながら、それが他方とどう関係しているのかを明らかにすることである。この観点から序論全体の構造を見通しておこう。

第一節で提起された「体系」の問題は、その特定の形態としての汎神論の問題として第二節以下で論じられる。全体の問題設定に従って言うと、体系としての汎神論と自由との連関が論じられるわけだ。その解決が与えられるのが第五節である。ここまでが前半。

後半では体系を作る素材が問題になる。スピノザ主義＝実在論（第六、七節）とフィヒテ＝観念論（第八節）、この二つが素材である。二つの立場の利点を取り入れながらそれらの欠陥を乗り越えるものとして、実在—観念論の立場が提案される。ここでリアルな自由を捉えるために、悪をもなしうる自由の概念が提示される。体系と自由の連関の問題は、ここでは「体系と悪」として現れることになる（第九節）。これは、体系と自由の連関の問題から派生する問題だが、その肝にも当たる。[11] そして最後に（第一〇節）、再び観念論と実在論の融合が問題解決の道としてスケッチされる。

こうして序論は、汎神論の体系が表立ちながら、それと自由との連関が論じられる前半と、自由の積極的概念が表立ちながら、そのための体系の有りようが示される後半とに二分できる。[12]

9 『自由論』全体の構成〔本論へ〕

これを延長して『自由論』全体を見渡してみると、およそ次のようなことが見えてくる。『自由論』本論（第一一―四六節）(13)を大きく区分すると、第一一節から第三二節までが前半、残りが後半である。前半ではほとんど悪の問題が論じられているように見えるが、これは全体の主題からすれば、自由の問題を論じているのだと見なければならない。シェリングは、自由がリアリティを持つのは、悪をもなし得るという点にあると考えるからである。第三三節以下では、神の問題が扱われているように見えるが、これも全体の関連から見れば、体系の問題を論じているのだと見るべきだろう。

第二章　体系と汎神論

1　体系としての汎神論〔第二節〕

第一節では、体系と自由は両立するかという問題が提起された。第二節ではそれが、汎神論と自由は両立するか、という問題として論じられる。第二節の冒頭。

「同じ意見は、唯一可能な理性体系は汎神論であるが、これは宿命論であることを免れない、という命題においてよりはっきりと表現された」。

宿命論とは、全ては宿命的に決まっているという考えだから、自由なんて認めない。だからこの命題は、汎神論を宿命論と同一視することで、汎神論と自由は両立しないと主張している。この問題の解決が第五節までの課題となる。しかし、ここで本来問題になっていたのはあくまで体系と自由の問題だったから、当然のように二つの疑問が生じて来る。一つは、体系と言っても様々考えられるはずなのに、なぜ汎神論だけが取り上げられるのか、もう一つは、汎神論とは何かである。

「汎神論（パンテイスムス）」という言葉は、先にスピノザに触れた際に既に出てきた。ごく簡単に言えば、神（ギリシャ語で「テオス」）と世界（ギリシャ語で「パン（全て）」）を同一視する考えだとされる。(1)『自由論』のこの後の部分を読んでいくと分かるが、シェリングは汎神論の問題を論じる時、一緒にスピノザの説にも触れる。第三節冒頭でも述べられているように、汎神論で「古典的と受け取られている」のがスピノザだったからである。

汎神論については後でも触れる。問題は、ここでなぜ汎神論だけが取り上げられ、他の体系は考察されないのか、である。『自由論』にはこの点の明確な説明はない。あえて言えば、上に引用したような意見があるから、ということである。なるほど、「唯一可能な理性体系は汎神論である」というような意見があるのなら、汎神論を検討しなければならないだろう。しかし、汎神論だけを検討して、他の体系に触れないのはなぜか。私の考えでは、それは、シェリング自身が汎神論の立場を採っているからである。

2　一点突破〔第二節〕

実は、ここでのシェリングの立場は汎神論ではない、と考える解釈もある。それも分からなくはない。シェリングが自分で明言しているわけではないからだ。ただ、第二節後半に「汎神論が事物の神における内在の説以上の何ものも意味しないのなら、どんな理性的見方も何らかの意味でこの説に引きつけられるに違いないことは否定できないだろう」とある。汎神論では、神は「ぜんぶ」なのだから、世界の中にある個別的なものは全て神の中にある、と理解される。これが「内在」という考え方である。だから汎神論は内在神論とも呼ばれる。この立場を採らない場合、個別的なものは神＝体系の外にあることになって、理性では理解できないものになる。だから、シェリング自身も理性の立場に立つ以上、汎神論もしくは内在の立場を採るしかないことになる。

しかし、ここで思い出さねばならない。問題は「自由と体系の連関」だった。まだまだ検討しなければならないことはあるはずだが、それに対する答えがもう出てきた。すなわち、内在である。「汎神論は宿命論であることを免れない」として、汎神論もしくは内在の立場と自由とは両立しないという意見があるが、シェリングはそう考えない。むしろ彼の考えでは、体系と自由の両立は、内在の立場でしか可能でないのである。「この議論に対する活路としては、人間をその自由とともに……神的存在者そのものの中へと救い上げて、人間は神の外にあるのではなく、むしろ神の中にあるのであり、人間の活動そのものが神の生命に属すると言う以外にあるだろうか」。

人間の自由は、人間が「ぜんぶ」＝体系＝神から離れていることによるのではなく、その中にあること、つまり内在による。一般的に、キリスト教をはじめとする有神論は神と世界を切り離して、神は世界を超えた存在だと主張する。超越神論の立場である。だが汎神論は超越を否定し、神と世界を区別しない。つまり内在を主張する。シェリングはここで明らかに内在を主張しているし、彼が汎神論に拘らざるを得なかった理由もここにある。汎神論が体系と自由を両立させる唯一の解決で、自由を求めれば必ず汎神論に至り着く。それが示せれば、他のタイプの体系を考えなくてもよいことになる。だからシェリングはこの一点突破の道に賭けた。これがわれわれの理解である。

もちろん、体系にどんな種類のものがあるかを全部挙げて（枚挙）、シラミつぶしに検討するという手もあるだろうが、残念ながら、その手が使えるのは、限られた数の種類しかないものを扱う場合である。体系にどんな種類があるかを考えていくのはそれだけで大変な作業になる。一点突破できればその方がよいに決まっている。

『自由論』の終わり近くの第四六節でも、自分の考えが汎神論と呼ばれるのなら、それでもよい、と言っている。『自由論』の立場はやはり汎神論なのである。ただ、「それでもよい」とは、やや投げやり感じがする。どういうことだろうか。

私は、ここでのシェリングの立場は汎神論だと言ってよいと思う。しかし、どうにも歯切れが悪い。少なくともシェリングの説明は不十分である。面倒かもしれないが、ここでは少し回り道をする必要があるようだ。

3 汎神論のイメージと人格性の問題

説明しなければならないことがいくつか重なっている。(1)なぜ汎神論だけがクローズアップされるのか。(2)シェリングは汎神論の立場を採っている（らしい）のに、なぜそれを明言しないのか。また、(3)研究者たちの中には、なぜ『自由論』の立場を汎神論だと言いたくない人たちがいるのか。説明は後にして、先に簡単に答えを示そう。

(1) 汎神論がクローズアップされているのは、時代の状況による。一七八〇年代に「汎神論論争」とか、「スピノザ論争」と呼ばれる事件が起こり、時代を大きく変えた。

(2) シェリングが明言しないのは、彼を汎神論者、スピノザ主義者だと非難する人々がいたから。

(3) 単純に、汎神論のイメージがよくないからである。

(3)から先に説明しよう。「汎神論（Pantheismus, pantheisme）」という名称は、イギリスの自由思想家トーランドに由来するとされる。(2) 自由思想家というのは、伝統的宗教の破壊者のことで、一七世紀から一八世紀にかけてたくさん登場したが、今はほとんど見向きもされない。彼らは宗教批判の点では過激だったが、哲学的には不徹底だとされるからである。彼らは哲学的な議論でもって宗教を批判したのではなく、むしろ粋がって破壊のための破壊に浮かれたようなところもあるようだし、思想家というよりは、単なる自堕落な者たちというのが当時の見方だったらしい。だから、汎神論はその由来からしていかがわしいイメージだったわけである。

もう一つ、こうも考えられる。宗教的なカテゴリーとして見た場合、汎神論はしばしば自然宗教の一種と捉えられる。ヨーロッパの古典的な宗教観では、自然宗教よりもキリスト教のような超越神を戴く啓示宗教の方が上である。こうした見方が暗黙の内に今でも機能しているなら、シェリングを汎神論と呼ぶのはためらわれるだろう。しかし、シェリングは汎神論ではない、とする主張には、もう一つ大きな理由がある。血気盛んな若い頃のシェリングは、ヘーゲルに宛ててこう見栄を切っている。

「正統派の神概念はもう僕らには関係がない。僕の答えはこうだ。僕らは人格的実在よりも先に至り着く。僕はスピノザ主義者になった！」(AA, III-1, 22, Hegel-B, I, 22)。

シェリングはこの頃まだ神学生だったが、若者にありがちな反抗心で騒動を起こしていたようだ。そんな彼に、哲学的な理論武装を施すことになったのが、正統派の人格神を明確に否定するスピノザの哲学だった[3]。問題は、この書簡から十数年経った『自由論』では神の人格性を明確に認めていることである[4]。だから、シェリングはここでキリスト教の伝統に戻り、汎神論、スピノザ主義を捨てていると言う人がいるわけである。

4　概念と《イメージ》

だが、せっかく「概念」を学んだのだから、ここでも概念的に考えてみよう。概念というのは「掴む」ことによって明確にし、逆に言えば、それと関係のないものとは切り離すことでもある。「何となくそう思う」という感じ、《イメージ》も大事で、考えのきっかけにはなるのだが、それが概念的混乱を引き起こすことも多いし、場合によっては「先入観」、「偏見」にもなる。《イメージ》はすごく不自由なものなのだ。逆に、哲学は概念を使うから、単なる想像や空想ではないと言えるのである。

汎神論、内在神論に対して、キリスト教の立場、いわゆる有神論の立場は超越神論と呼ばれる。そして、キリスト教では神の人格性をとても大事にする。神は人間のためにこの世界を創造して下さった、とキリスト教は言うが、そんな風に人間を気遣ってくれる神様なら、人格を持つはずだからである。それに対して汎神論の場合、神と世界を区別せず、神による世界の創造も認めないことが多いから、神の人格性など必要ない。

こうした関係で、《イメージ》的には汎神論と非人格神論、超越神論と人格神論は結びつきやすい。だからこそ、汎神論は別に神を否定しているわけでもないのに、キリスト教徒からすると人格神を否定しているというので、「無神論だ」と言われたわけである。しかし、結びつきやすいというだけで、必ず結びついていなければならないわけではない。むしろ、概念的には切り離した方がよいだろう。『自由論』は確かに神の人格性を強調するが、その人格神論は汎神論と対立する意味での超越神論を意味してはいない。つまり『自由論』の神は人格的な内在神なのである。そうした神の概念は確かに珍しいかもしれないが、別に論理的に矛盾してはいない。それどころか、これは後で論じるが、『自由論』の議論からすれば、そうでなければならない必然性があるのである。

無論、シェリング自身が言うように、問題は言葉ではなく内実である（第二節）。こうした内在的人格神論を「汎神論」と呼び難いというのであれば、それでも不都合はない。シェリング自身が、少し後の書簡で[5]「正しく理解された汎神論」（Plitt, II, 160, 163-4）を標榜していることからすれば、シェリング自身、自分の特異な立場を一般的な汎神論とは区別して、通常の汎神論と自身の「真の汎神論」[6]との混同を防ごうとしていたと解するべきだろう。これが先の疑問(2)に対する答えである[7]。

5　汎神論と汎神論論争

先の疑問(1)に移ろう。なぜ『自由論』で体系として取り上げられるのは汎神論だけなのか。上ではシェリングが汎神論ないし内在の立場を採っているからだと理解したが、歴史的な事実から説明することもできるし、ある意味ではこれがもっとも手っ取り早いかもしれない。それは、汎神論論争を持ち出してくることである。

汎神論論争のことは『自由論』では直接言及されないが、もちろん研究者にとっては周知の事実である。国内外で多くの優れた研究があるから、改めて述べるべきことは少ない[8]。ここでは簡単にその経緯だけを見ておくことにしよう。

哲学の近代は一七世紀のデカルトから始まるとされるが、キリスト教の圧倒的な影響下にあった中世から抜け出して、近代的な考えが本当の意味で広まるのは一八世紀になってからである。近代化を進める動きのことを「啓蒙」と呼ぶ。一八世紀は啓蒙の時代である。ドイツではライプニッツ、ヴォルフといった前期啓蒙時代を経て、一八世紀後半、レッシング、メンデルスゾーン（有名な音楽家のメンデルスゾーンのおじいさん）といった後期啓蒙主義の思想家が活躍した。レッシングがこの世を去った後、メンデルスゾーンが亡き友の思い出を執筆していたところ、ヤコービが、レッシングはスピノザ主義者だったのを知っているか、と言ってくる。スピノザ主義と言えば汎神論であり無神論である。レッシングは表立って宗教を否定していたわけではなく、穏健な考えだった。それが実は「無神論者」だったとすれば、レッシングが大物だっただけに一大スキャンダルになる。メンデルスゾーンとヤコービとの間で手紙のやり取りが行われ、やがてヤコービはそれらをまとめ、メンデルスゾーンに無断で出版してしまう。これが『スピノザの教説に関する書簡』（一七八五）である。この後、論争は公のものになり、ゲーテ、カントといった文学、哲学界の大物を巻き込んだ一大論争となる。

汎神論やその代表とされたスピノザ主義は、いかがわしいものというイメージだった。汎神論論争のお陰で、それがまともに議論の対象になるものだということになった。『自由論』が書かれたのはそれからずいぶん経ってからだが、この時期はまだ論争の余波の中にあると言ってよい。だからシェリングもここで汎神論を特別視しているのだ。

6　スピノザ主義、ヤコービ、『自由論』

しかし、この論争はいわば二段階、三段階になっている。論争を巻き起こした張本人ヤコービの意図は、啓蒙主義の象徴レッシングをスピノザ主義者、無神論者として告発することで、啓蒙主義に打撃を与えることだった。宗教、信仰を重視するヤコービにとって、啓蒙主義は目の敵だったのである。ヤコービの意図はある程度の成功を収める。実際、メンデルスゾーンとの論争ではヤコービが優位に見える。ヤコービは当時としては高い水準でスピノザ哲学を理解していたが、逆にメンデルスゾーンはスピノザについてよく分かっていないことを暴露されてしまうのである。

しかしそのお陰で、ヤコービの意図をはなれて、問題は次第にレッシングの無神論疑惑からスピノザ主義の評価へと移ってしまう。ヤコービのスピノザ理解が、それまで実はよく知られていなかったスピノザへの興味を巻き起こしたのである。ヘルダー、ゲーテといった人々はスピノザを高く評価し、ヤコービとの間に論争を構える形になる。シェリングやヘーゲル、ヘルダリンといったこの後の世代は、ヤコービの『スピノザ書簡』を読んで熱心に勉強した。彼らは著者のヤコービではなく、中に描かれているスピノザの方に関心を持ったのである。

ヤコービの影響は実際、驚くほど大きい[9]。シェリングの修業時代、ヘルダリン、ヘーゲルらとの交流の中で、「ヘン・カイ・パン（一にして全）」[10]という標語とスピノザ主義とが結びついていたとされるが、ネタ元は『スピノザ書簡』だろう（Jacobi-W, Bd. IV-1, 54）。先に挙げたシェリングの「スピノチスト宣言」の書簡にあった「正統派の神概念はもう僕らには関係がない」という言葉も、実は引用というかパクリと言うか、「もはや正統派の神概念は私にとってはあり得ません」(Jacobi-W, IV, 53) という、『スピノザ書簡』にあったレッシングの言葉のパラフレーズなのである。[11]

ヤコービは『自由論』では徹底して影の存在であるが、こうして見ると『自由論』はヤコービとの対決とも見える。学問を幾何学のように生命のないものと見てそれに反発を抱き、学問、体系と自由は両立しないと主張したのがヤコービだった。ヤコービからすれば、幾何学的論証形式を備えた『エチカ』に表現されたスピノザの「体系」は何よりも敵である。シェリングは、そうしたヤコービに反論し、スピノザを一面では擁護しながら、他面では自身の立場とスピノザの立場を区別して、ヤコービの非難に反論しようとしているのだった。これは上の疑問(2)への答えの補足になる。

「自由と体系一般とは両立しない」という「古いが、決して消え去らなかった言い方」(第一節)とは、ヤコービの主張 (Jacobi-W, IV-2, 1) を念頭に置いたものに違いない。上に引いた第二節冒頭の見解も、シェリング自身はシュレーゲルの『インド人の言語と智慧について』(一八〇八) からのものだとしているが、[12]実はヤコービの主張だと考えられる。[13]シェリングは慎重に名指しを避けているが、ここには明らかにヤコービの影が見られるのである。[14]

7　体系の外部

汎神論論争は、単に汎神論の評価を変えただけでなく、時代の大きな転換点となっている。人々の世界観の中心が、中世からずっと影響力を持ってきた宗教から、哲学へと明確にシフトチェンジしたからである。実際にはこれは汎神論論争という事件一つで説明できるようなことではない。理性を自律させたカントの影響も決定的である。だからこの時代以降の哲学、思想は、スピノザ主義とカント哲学をめぐって展開したのである。

しかし、こうした時代の変化に抵抗したのがヤコービである。ヤコービに焦点を移すと、汎神論論争は彼の活動の一端にすぎない。ヤコービは、カントに対して、また後にフィヒテが登場すればフィヒテに対して、シェリングが登場すればシェリングに対して批判を展開する。まるで論争のデパートのようであるが、こうした活動はヤコービからすれば一貫した活動である。ヤコービにとっては、信仰か哲学かの二者択一である。カントとフィヒテとシェリングは、それぞれに違った哲学を展開したが、ヤコービのこの乱暴な二分法からすると、哲学者であるという点で同じ穴のムジナなのである。

ヤコービやシュレーゲルは汎神論を批判し、超越の立場ないし二元論の立場を採る。彼らはそれによって、哲学を破壊しようとしている。哲学が体系であり全体である以上、閉じたもので、その外があってはならないはずだが、彼らにとって、哲学＝理性の外部こそが重要なのである。自由、感情、信仰は、そうした外部を指し示すものだった。上に触れた時代の変化とは、スピノザやカントに代表される哲学が体系として確立した姿を現すことによって、それまで世界を覆っていた信仰、感情が哲学＝体系から取り除かれたことを意味する。ヤコービはそうした時代の変化を知っている。だが、それに抗うのである(15)。一方『自由論』が体系と自由の問題を主題とするのは、ヤコービたちを哲学＝体系の立場から批判するためだと考えられる。しかし実は、「体系と自由」という問題そのものが、そもそもはヤコービによって明確に捉えられたのである。ヤコービはスピノザ主義に一貫した理性的体系の典型を見、一方ルソーを通して自由の感情を捉えている。この両者がヤコービの中で一つの「問題」として提起されたのである[16]。

だから『自由論』にとって、そうした外部、ヤコービらによって妖怪のように訳の分からないものとされている自由を概念として明確にし、それをいかに体系に取り込むかが課題となる。とりわけ、シェリングは自由の実在的な意味を取り出すために、悪をもなし得るという自由概念を提示する（第八節）。悪は体系の外部の象徴なのである。だがそのため、体系と自由の関係はいよいよ危険に曝される。ここで粘り強い思索を欠くなら、体系と悪とは両立しないという危険な囁きが聞こえてくる。それに誘われて二元論に向かっても、それは「理性の自己分裂と絶望の体系であるにすぎない」（第九節）。

シェリングは中後期には、理性の外部・他者を見出すようになったと言われる。それこそが、全てを論理に回収するヘーゲルの近代性に対して、シェリングの現代性を示すのだと[17]。われわれもそれを全く否定しようとは思わない。だが、『自由論』ではそれは結果にすぎない。『自由論』の意図は、外部性、他者性の抉出ではなく、それを内部に取り込み、あくまで理性の立場、知の立場に立つことである[18]。だからこそ、シェリングの立場は、汎神論ないし内在の立場しかない。確かにシェリングは、「内在の概念は捨てられねばならない」、「生成の概念こそ諸々の事物の本性に適った唯一の概念である」（第一四節）と言うが、それは内在を固定的で死んだ内在と見なす場合である。シェリングがここで言いたいのは、重要なのは「生成する、生きた内在」だということなのである。

8　重層的な対話

迂回が長すぎたが、こうした事例は貴重な教訓になる。テキストの内在的読解は哲学者にとって魅力的だ。『自由論』なら『自由論』だけを読んでいたい。細かい思想史的な事柄は無視したい。歴史的な背景を探るのはいいとして、そればっかりでは肝心のテキストを歴史の中に埋もれさせてしまう。ここにも、「じぶん」と「ぜんぶ」の問題が形を変えて現れてくる。テキストという「じぶん」の中に「ぜんぶ」が入っていると考えたい。しかし、テキスト＝「じぶん」もやっぱり歴史＝「ぜんぶ」の一部である。だから、歴史的背景を無視すると、テキスト自体が読めないことになる(19)。

もちろん、そうした思想史的な詮索は歴史家の仕事である。しかし、知らないより知っていた方がいいに決まっている。特に『自由論』のような古典的なテキストの内在的読解は、全く不可能だとは言えないとしても、少なくとも外部との対話を閉ざすと、誤読の可能性を極めて大きくする。実際、シェリング自身が第四六節の注で次のように述べている。

「この著作においては、たとえ対話という外的形式はないにせよ、全ては対話のように成立しているのである。私はここで採った行き方をこれからも持ち続ける」。

「対話」はプラトン以来、哲学の重要な形式だったが、シェリングも『ブルーノ』（一八〇二）で実際に対話形式を用いた。それに対して『自由論』は「対話という外的形式」は持たない。しかし、スピノザ、シュレーゲル、ライプニッツ、フィヒテ、アウグスティヌス、バーダーらを名指して、また、ヘーゲル、ヤコービ、ベーメらを名指すことなしに、彼らと対話を重ねている。『自由論』が示すこれらの思想家たちとの関係は、単に先行者からの影響や彼らへの批判、同時代との論争といった外面的な関係ではなく、むしろ、シェリング自身がそこに全身でコミットしたものであって、いわば『自由論』に内面化されているのではないかと思う。こうした対話性こそ『自由論』のテキストとしての豊かさのゆえんではないだろうか。シェリングのこの示唆に従って、『自由論』を複数の声が響く対話の場として考察することは、テキストを精読することと同様に大事である。[20] さらに重要なのは、われわれ自身が『自由論』との対話を試みることであることは言うまでもないが。[21]

実際、テキスト内在的な読解に固執するばかりでは説明できない疑問が『自由論』にはいくつも現れる。序論前半での最も大きな疑問は、体系の吟味がなぜ汎神論の吟味に限定されてしまうのか、だった。こうした疑問を疑問として取り出すためには、いったんはテキストを精読してみる必要がある。しかし、それを十分に理解するには、時代状況や先行思想の理解が不可欠になるというのが、今までの考察から得られた教訓だった。特にシェリングとスピノザ主義との関係を念頭に置くと、上のような迂回が実は迂回ではなく、『自由論』の読解に直接繋がるものであることが分かると思う。

9　哲学と《歴史》

しかし、「哲学する」という観点から見ても、歴史は大事である。確かに哲学は昔から永遠の真理を求めてきた（シェリングが憧れたスピノザの名高い言葉が「永遠の相の下に」である）。永遠であれば時間も歴史もない。哲学が、歴史というものを本当の意味で問題にするようになったのは、だから、ずいぶんと遅く、実はようやくシェリングの時代になってからで、一九世紀が「歴史の世紀」と呼ばれるのはそのためである。そして、シェリングもそうだが、哲学者は何も虚空から問題を取り出して来ているのではない。哲学者は、何を考えるべきかを、自分が生きている時代から知るのである。

しかし、「哲学する」のには三つのことが必要だ。一つは自分が生きている時代、その時代のあり方を明確に掴み、問題として取り出して来ることである。このことは、自分がその時代に生きているからこそできることではあるが、二つ目、せっかく哲学するのなら、その時代を超えることも必要だ。時代はいわば「ぜんぶ」と同じで、その中にいると「じぶん」を押し流してしまう。「じぶん」が「じぶん」であるためには、まさに自分の生きている時代から「自由」でなければならない。自分の時代の内と外、出たり入ったりすることから問題は現れ来る。しかし、三つ目に大事なことは、問題を問題として取り出したら、それを徹底して、つまり体系的に考えることである。「体系」などというものがなぜ必要なのかと言えば、そうすることによってこそ「じぶん」の「自由」が成り立つからである。そうしてこそ本当に時代を超えることができる（それが難しいのだが）。

第三章　自由の第一の条件

1 序論前半の構成〔第二―五節〕

改めて序論前半の構成を見てみよう。第二節で、汎神論と自由は両立可能かという問題が提起された。シェリングはすぐに、暫定的な解答として、両立可能だと答える。それどころか、汎神論ないし内在の立場こそ、体系と自由を両立させる唯一の道だと主張していた。このことが、改めて確認され、最終的な解答が与えられるのが第五節である。

そして、その間の第三、四節では、神と個物の同一視としての汎神論、個別性の否定としての汎神論という捉え方が取り上げられる。シェリングはこれらの規定は間違っていると主張することになるが、問題は、なぜわざわざこの二節分を挿入して、そんな手間をかけねばならなかったのかである。近年、シェリングがこの時期につけていた『日録』が出版されたので、『自由論』の執筆状況がはっきりした。それによると、『自由論』は一八〇九年の二月一九日から四月一三日までほぼ順番通りに執筆されているが、およそ半分の期間が汎神論問題の執筆、推敲に充てられている。つまりシェリングは、この部分の執筆に最も苦労しており、だから論述が複雑になっていると考えられる。しかしこれは本質的な説明にならない。また、上に見たように汎神論論争を持ってくれば、汎神論を正確に規定する作業は汎神論論争以来の時代的課題に答えるものだったと理解することはできるが、ただそれだけのものであれば、第三、四節は『自由論』の主題にとっては、単なるおまけになってしまう。短い論文でこれはまたずいぶんと余分ではないだろうか。

われわれは、汎神論ないし内在の立場はシェリング自身の立場だと理解した。だから汎神論が正確に規定されねばならなかったのだと。しかしそればかりではない。シェリングにとって本筋は体系と自由の両立可能性の問題である。だとすれば、第三、四節は、通常理解されているように汎神論を扱っているというより、体系としての汎神論と自由との両立可能性のために必要だったのだと考えた方がよくないだろうか。第二節の問題提起と第五節の解答。その間の第三、四節では、汎神論と自由が両立可能であるような内在の理解が、汎神論概念を吟味する形で与えられているのである。

2　概念の《分析》

さて、上では直観と分析を退けて、概念から始めた（第一章2、3）。しかし、ここに来るとやはり分析も必要だと思えてくる。

《分析》とは要するに分解である。概念は一つのまとまりだったが、分解するとそれもいくつかの要素のまとまりだったことが分かる。それを明らかにするのが《分析》である。例えば「妖怪」の概念には、三つの要素が含まれていた。⑴現象であること、⑵一定の法則性を持つこと、⑶不思議さ。不思議なことに出会った「あれっ」とか「イラっ」とかを切っ掛けにして何かが起こっていることに気づき、それに《関心》を持つ。この「不思議さ」がないとそもそも概念なんてことを考えない。でも、単に不思議なことが起こっているだけなら、それはたまたま、偶然のことかもしれない。しかし、どうも特定の状況で繰り返し起こっているらしい。こうして法則性が見つかる。しかし、それは何か実体的な原因があるとは思えない。そこで「現象」として理解したわけだった。こう考えると、単に三つの要素があるだけではなく、それら一つ一つが不可欠な要素で、それらが一つのまとまりになって《概念》になっていることが分かる。

では、シェリングが問題にした「自由」の概念はどうだろうか。⑴概念の素になっているシェリングの《関心》は、自由のリアリティにあった。しかし、⑵「自由」と言うのなら、それは何かから解放されていることがなければならない。しかし、⑶それがリアルな自由であるためには、しっかりした根を持つはずだし、自由である「じぶん」がなければ話にならない。

リアルな自由、それをシェリングは、第八節で「善と悪の自由」として取り出すことになるが、それ以外の二つ、⑵と⑶の準備が第三、四節なのである。

3　神と個物の同一化としての汎神論〔第三節〕

第三節でシェリングは、汎神論とは神と事物の混同であるという解釈を取り上げ、これを、⑴神が万物である、⑵個物が神である、の二面に分けて考察する。ここで汎神論の代表とされるスピノザを登場させ、スピノザにもこうした解釈は妥当しないと主張する。[1] スピノザは神と世界を区別しないから、個別的な存在、個々の人間、そして人間の自由を押しつぶしていると理解されてきた。ヤコービなどはそう理解した。だがシェリングの考えではそれは間違っている。

⑴から見てみよう。シェリングは、スピノザでは「神はそれ自身においてあり、それ自身によっての

み考えられるものであり、一方有限なものは必然的に他のものの内にあり、後者によってだけ考えられ得るものである」と言う。これはそれぞれスピノザの実体と様態の定義（『エチカ』第一部定義三と五）を引いたものである。スピノザはこの世界にある個々のものは全て他のものとの関係の中で成り立つので、独立した実体ではない、と見る。だから、それらを「様態」と呼ぶ（様態（modus）とは流行という意味のモードの語源で、不動の実体ではなく、移り変わるものを言う）。実体と言えるのは、それら全てを含んだ唯一のものだとし、これを「神即ち自然」と呼ぶのである。シェリングはここから、スピノザ哲学では実体と様態、神と万物は全面的に異なっていると解釈する。なぜなら、「神は唯一自立的で根源的、自分自身を肯定するものであり、これに対して他の全てのものは単に肯定されるもの、ただ根拠に対する帰結の関係のような関係でしかあり得ないのであるから」。

シェリングの議論は、通常考えられているよりも精密に組み立てられている。というのは、一般には、(a)スピノザは神と個物とを混同している、(b)スピノザでは個物の個体性が捉えられていないと理解され、しかもこの二つの理解が混同されている場合があるからである。シェリングはこの二つを明確に区別し、まずは第三節では(a)を扱い、(b)については次の第四節で扱っている。(b)のようなスピノザ理解を退けるためには、スピノザにおける個物の個物性の原理が取り出されなければならないが、(a)のスピノザ理解に反駁するためには、神と個物との区別が取り出されるだけで十分である。シェリングの議論はその点を示している。シェリングのこの議論を不十分なものと見るのは、そこに第四節で取り上げられる(b)の理解の問題を入れてしまい、概念的混乱を起こしているからである。

次いでシェリングは、上の(2)を取り上げて、これもスピノザには当てはまらないとする。スピノザは、万物を「変容した神」だとは言うが、「変容した、すなわち導出された神は本来の卓越した意味での神ではない」から、神そのものとは区別されるからと。

4 個と全体の差異〔第三節〕

以上を見てみると、シェリングの議論は、汎神論の問題からスピノザ主義の問題へと流れていることが分かる。汎神論は個別的なものと全体としての神を同一視しているのか。そうではない。スピノザについてもそう言われるが、それも違う。シェリングはそう話を進めるが、なぜ汎神論が個と全体を同一化しているとは言えないのかの理由は明示せず、スピノザ主義はそう言えない、とだけ言って話を済ませている。一般的には、汎神論の代表がスピノザ主義と見られているわけだから、スピノザ主義は個と全体の同一化ではないと言えれば、それで汎神論についての議論は省略できる。だから、シェリングの議論は別にスピノザ主義に話をそらしてごまかしているわけではない。しかし、スピノザ主義でも個物と神とは区別されているという解釈についての説明は簡単に終わってしまう。というのは、シェリングが問題にしたいのは、むしろ、汎神論やスピノザ主義がなぜこうした誤解を被ってきたか、ということの方だからである。これが第三節後半になる。ハイデガーが「中間的考察」と呼んでいるこの部分は『自由論』にとって極めて重要で、しかも、第五節にも引き継がれる。だから、この部分は第五節を読む際に改めて見ることにしよう（第五章）。

第三節ではもう一つ確認しておかねばならない。ここでは「自由」という言葉は一度しか登場せず、『自由論』の主題との繋がりが分かりにくい。単に汎神論の問題を論じているようにしか見えない。しかし、それではこの部分が活きてこない。だから、次のように考えた方がいいだろうと思う。序論前半では体系と自由の両立可能性が問題になっているのだった。第二節以下では体系の一種である汎神論と自由の両立可能性へと問題が展開された。その大きな文脈からすれば、第三節でシェリングが論じているのは、事物と全体との区別だった。そして、個別的な存在こそが自由を担うのだということを考えると、シェリングの意図は明らかである。確かに議論は途中で、汎神論と自由の両立可能性はまだ確証されない。しかし、自由が成り立つための第一の条件は既に示唆されたことになる。個と全体との差異である。これをさらに一歩進めるのが次の第四節である。

第四章　自由の第二の条件

1　個別の否定としての汎神論〔第四節〕

第四節では、汎神論は個を否定して無にしているのだ、という見解が取り上げられる。

第三節では「神が事物である」と「事物が神である」という一対の理解が取り上げられた。周到な議論である。しかし第四節では「事物を無とする」という理解が取り上げられるだけで、「神を無とする」という理解は取り上げられない。なぜだろう。これは疑問にならないと言われるかもしれない。それは既に「汎神論」ではなく、「無神論」にすぎないだろうから。だがそれなら、「事物を無とする」のも、「汎神論」でないことにならないだろうか。汎神論は「神と万物の混同」だというのが汎神論批判者たちの常套句だった。そこでシェリングは言う。「もし万物が無であるなら、神とそれらをどうして混同することができよう。その場合、純粋で曇りのない神性以外に何ものもないのであるから」。それはもう「汎神論」ではない。「もし神の他に（単に神の外にではなく、神の他にも）何もないのであれば、神が万物であるというのは単なる言葉の上だけのことになり、その結果、概念全体自体が解消され、無へと飛び去ってしまうように見える」。

その意味では、「事物を無とする」という汎神論理解に対する反駁はこれで完了している。その上でシェリングが第三節と同様の周到さを発揮するなら、「神を無とする」という汎神論解釈を取り上げていたはずである。それなのにシェリングはそうはせず、「事物を無とする」汎神論の問題を展開して、これは汎神論でないばかりか、スピノザにも当てはまらないことだけを述べる。なぜか。

ここでもわれわれの理解は単純、もしくは素直である（哲学書を読む時、難しいという先入観を捨てて、素直になることも大事である）。「事物を無とする」という汎神論理解を取り上げねばならなかったのは、それが『自由論』に不可欠な議論を提供するからである。第三節では、汎神論においても事物が神から区別され得ることが示された。次の第四節で取り出されるのは、事物が個別的なものとして積極的に成り立つ可能性である。シェリングが取り出そうとする自由と個体性とは密接な関係を持つ(1)。第四節はその準備なのである（以下、話が込み入っているなと思ったらどんどん飛ばし読みすること）。

2　神の外部〔第四節〕

重要なのは、「神の他に」ということの意味である。この言葉は、スピノザでは、「神の他にはどんな実体も存在し得ず、知覚され得ない」（『エチカ』第一部定理一四）のように用いられている。スピノザは、個別的な様態は「実体なしには存在できず、考えられもしない」（同定理一五証明）とする。だとすれば、全ては唯一実体たる神に帰することになる。ヤコービのスピノザ解釈はまさしくこの点を強調したものだった。スピノザにおいては「個別的なものは……非存在である」にすぎず、「無規定的な無限の存在者が唯一真の実在的存在であり、これがすなわち全存在であって、その他には何の存在もない」(Jacobi-W, IV-1, 182-3（cf. IV-1, 62))。

しかしシェリングはこの解釈を退ける。様態は確固として存在する実体ではなく、実体の変化したものだった。だからシェリングも、スピノザの様態は、それだけでは「何ら本質的なもの積極的なものを表現していない」と認めはする。しかし解釈の仕方を変えて、「それら事物をそれ自体で考えた場合」には、独自性を持つと理解できると言うのである。もっとはっきり言えば、シェリングは、スピノザにとって個別の存在者は「ある固有の特殊な実体」だと解釈できるというのである。[2] これはつまりは、ライプニッツのモナドと同じものなのだと。哲学史上、ライプニッツのモナドと言えば、個体性を明確に打ち出した実体として知られる。そして普通は、ライプニッツとスピノザは正反対の考えだとされるのである。しかしシェリングは、「ライプニッツのモナドが、スピノザ主義に反対する決定的な手段ではないということを、人はもう認めているのであるから」と、あたかも既定の事実のように述べて、これで説明を終えてしまう。シェリングがここで何を考えているのか分かりにくいが、たぶんこれは、スピノザ主義とライプニッツ哲学を同一視するヤコービの捉え方を念頭に置いているのだろう。[3] ヤコービは文脈によってスピノザとライプニッツを同一視したり区別したりしているので、シェリングはヤコービ的なスピノザ解釈を否定するために、わざわざヤコービのスピノザ解釈の別な一点を持ち出すのである。

だが、ヤコービへの面当てだけがシェリングの意図ではない。こうした議論を通して彼は、汎神論においても自由を担うべき個体そのものが実体的な自立性を持ち得る可能性をスピノザに託して、しかし実はライプニッツを呼び出すことで提示しているわけである。しかし同時にシェリングは、スピノザ主義そのものをもモナド論的に解釈することによって救い出そうともしている。しかし何からなのか。ここでは名づけられることのないそれを、われわれは普通は「無世界論」と呼んでいる。

3　「スピノザ主義＝無世界論」解釈の系譜――マイモンからライプニッツまで

神と個物、二つのものの関係のパターンを考えてみると、(1)神と個物が別に（超越的に）存在する、(2)神と個物が一緒に存在する（内在する）、(3)神だけが存在して個物は存在しない、(4)個物だけが存在して神は存在しない、という四パターンが出来る。こうして考えられる限りのパターンを数え上げてみること（枚挙）は重要である。しかし、われわれは個別的な存在、個物なのだから、普通は、神だけが存在して個物が存在しない、などとは考えない。しかし、せっかく哲学するのなら、徹底して考えた方がよい。神だけが存在して個物が存在しない、つまりこれが「無世界論」である。こんな考えは普通なら成立しないところだが、ヘーゲルは、スピノザは徹底した哲学者だったので、こんな考えを持ったのだと言う（Hegel-W. XX, 162-3）。[4]ヘーゲルのネームバリューのお陰で、彼がスピノザに貼りつけたこのレッテルはひどく広まってしまった。しかし、上に見たように、ヤコービも「スピノザ主義＝無世界論」説を主張していたと見なせる。[5]そして、彼らと違ってそれを否定するシェリングがいる。従来この問題は全く研究されてこなかったが、[6]「スピノザ主義＝無世界論」説はヘーゲル独自の主張ではないのだ。

では、誰がこれを言い始めたか。私の調べでは、この言い方をしているのは、ヘーゲル以前ではマイモンだけである。[7]マイモンはシェリングやヘーゲルの一世代前の哲学者で、カントとフィヒテの「中間」[8]に位置づけられる。彼の著作で最も読まれた、数奇な半生を綴った『自伝』（一七九二／三）、無世界論もこれに出てくる。短い言及だが、その主張はかなり明確な輪郭を持っている。

スピノザの「説では一こそが実在的で、多様性は単に観念的である。これに対して無神論の説においてはまさにその反対である」。だから、「どうしたらスピノザ説が無神論なのか分からない。両者は正反対なのだから。無神論では神の存在が、しかしスピノザ説では世界の存在が否定される。したがってそれは、むしろ無世界論的な説と言わねばならない」(Maimon-W. I, 154)[9]。

マイモンによるこの解釈[10]で重要な点は三つある。(1)スピノザ主義の観念論的解釈の傾向。マイモンにとってスピノザが無世界論者であるのは、スピノザにあっては世界の多様が現象に他ならず、つまり観念的なものだからである。(2)この解釈が、スピノザとライプニッツとの関係の理解と密接に繋がっていること。彼は、ライプニッツ説は無世界論と無神論の中間にあると言う。マイモンの理解では、ライプニッツがモナドと呼んだものは独自の作用を持つ多数の個別的なものであるが、同時にそれが一つの体系へと包摂される(Maimon-W. I, 154-5)。その意味でライプニッツ哲学は、一つの実体だけを認めるスピノザの無世界論と、多様なものから成る世界だけを認める無神論とを総合できる。(3)マイモンがこの着想を得たのは、おそらくは一時彼を世話したメンデルスゾーンからである。

メンデルスゾーンは最初の著作『哲学的対話』(一七五五)でスピノザを批判しつつも、デカルトとライプニッツを繋ぐ枢要の位置に置いている(Mendelssohn-S, Bd. I, 14/349)[11]。それというのも、スピノザは神に関しては正しいが、世界に関しては間違っているからである。全面的に正しい哲学はライプニッツ哲学である。つまり、スピノザにはライプニッツが明らかにしたモナドが、すなわち世界の多様が、神の外なる世界が欠如しているのである(Mendelssohn-S, Bd. I, 11/345)。これはそっくりそのままライプニッツの、「モナドがなければ、スピノザが正しかったであろう」(Leibniz-S, III, 575)[12] という言葉を延長したものに見える。[13] 実際ライプニッツは、スピノザの様態＝個物は幽霊のようにリアリティがないとはっきり批判していた(『自然そのもの』[14] 第八節、Leibniz-S, IV, 508-9)。つまり、マイモンが命名し、ヘーゲルが宣伝した「スピノザ主義＝無世界論」説の源は、ライプニッツにあるのである。

4 〈スピノザ―ライプニッツ〉の構図

第四節の議論は、明らかに「スピノザ主義＝無世界論」説のヴァリエーションである。それがはっきりと分かるのは、ライプニッツを持ち出してきていることである。

歴史的に見れば相次いで登場したスピノザとライプニッツが関係づけられることは当然のように見える。しかし、長い間スピノザは哲学者として認められなかった。メンデルスゾーンのような解釈や汎神論論争を通して初めて、デカルトからスピノザ、スピノザからライプニッツへという「哲学史」が形成されることになったのである。[15] だが、ドイツではとりわけ〈スピノザとライプニッツ〉のセットがよく語られる。無論、それには理由はある。ドイツ哲学の形成そのものがライプニッツ―ヴォルフ学派を抜きにして語ることができないこと、スピノザ主義の受容は当然その上でのものだったということ、そして何より、この無世界論問題に現れているように、スピノザの唯一実体説（一元論）とライプニッツのモナド論（多元論）とは好一対のものであり得るという事情があるからである。

これは単に無世界論の問題に限らない。〈スピノザ―ライプニッツ〉の枠組みで『自由論』全体を見直すことも可能である。実際『自由論』では、スピノザとライプニッツはしばしば重要な場面で対で取り上げられている（第三四、三六節）。さらにこれを拡張すれば、『自由論』に限らず、シェリング最初期からのスピノザ主義との関係について考えるためにも、やはりライプニッツが呼び出されるべきではないのかとの予想ができる。(16) それはここでの仕事ではないが、少なくとも『自由論』のテキストだけではよく分からなかった点が、こうしてみると、かなりすっきりするのではないだろうか。

5　無世界論と実在論

こうして『自由論』を改めて外へと開くことはできたとしても、大きな問題が残っている。スピノザ主義のライプニッツ化とも呼べるような形で、「スピノザ主義＝無世界論」説を否定しようとする点で、シェリングはほとんど全ての論者と違っている。スピノザ解釈としてはやや無理があることを承知で、なぜこんな主張をするのか。

一つ指摘できるのは、「神の他に何もない」を巡るヤコービの解釈との関係である。ヤコービは『フィヒテ書簡』（一七九九）で、フィヒテ哲学にとっては「自我が全て」であり、「自我の他に何もない」ことになると指摘する。しかし、同じ構造はスピノザにも当てはまる。スピノザにとっては「実体が全て」、「実体の他には何もない」。だから、フィヒテ哲学は「逆転したスピノザ主義」（Jacobi-W, III, 12）に他ならないと。(17)

ヤコービが、極めて乱暴な形でこのような議論を行ったのは、彼がスピノザ的実体も、フィヒテ的自我も、要するに「知」の枠内の話だと考えたからである。彼が目指したのは、「命がけの跳躍」によって「知」の外へ逃れ出ることである。しかしシェリングは、こうしたヤコービの「非知」の立場を認めず、少なくとも『自由論』においては、あくまで学知を重視する。あらかじめ「外部」を想定するような二元論は、シェリングにとって「理性の放棄と分裂の体系」（第九節）に他ならなかったからである。そうした学知の一つの象徴が、ヤコービにとってそうだったようにシェリングにとってもスピノザ主義であったと考えると、ここでのスピノザ主義擁護は、シェリング自身の立場とも密接に関わりを持つことになるだろう。スピノザにとって「神の他には何もない」のではない。スピノザは無世界論ではなく、有限性、個別性を抹消するのではない、と。これはスピノザ擁護であるとともに、シェリング自身の立場の弁明でもある。つまり、シェリングは、ヤコービの強引で、しかも強力な議論に対抗するために、ヤコービが批判する知と、ヤコービが肯定する二元論とのいずれでもない第三の立場を模索し、ヤコービが哲学的な知、体系の典型と見なすスピノザですら、実はヤコービが見ていない可能性を持っていることを示し、それによって自らの立ち位置に余地を確保しようとしているのではないか。だとすれば、これは、『自由論』全体の読解にとって決定的な論点を提供することになるだろう。

しかし、より積極的に、次のようにも考えられる。シェリングは、ヤコービ的な解釈からスピノザを救おうとすると同時に、後に見るように、自身の立場とスピノザの立場を区別し、スピノザ主義は「一面的実在論」（第七節）だという徹底した批判を展開することになる。しかし返す刀でシェリングは、フィヒテに代表される観念論の不十分さを暴く。シェリング自身が目指すのは、単なる実在論でも純粋な観念論でもなく、実在論と観念論の統合である。しかし、そのためには総合されるべき一方の極、「一面的実在論」を、スピノザが引き受けてくれなければならない。

ところが、マイモンに見られたようにスピノザ主義が無世界論なら、自然の内実を成す有限な個物を単なる現象と見て、その実在性を否定していることになる。[18] 個体性を打ち出したい『自由論』では、これはどうしても消しておかなければならない線である。シェリングにとってスピノザ主義は、実在論でなければならず、そのためには無世界論であってはならないのである。[19] シェリングは、無世界論問題をめぐって、一方でヤコービ的二元論、非知の立場に対するため世界という内実を持ったスピノザ主義を立て、それに寄り添うことで『自由論』の基本姿勢を明らかにする。他方で無世界論としての観念論的スピノザ解釈を退け、実在論的スピノザ解釈を表立てながらそれをさらに超えていくという、『自由論』が目指す立場を積極的に提示する。スピノザ主義が無世界論という名の観念論ではなく、極端な実在論であることは、『自由論』の内的要請だったのである（第七章1、2）。

第五章　同一性の問題

《論理》

1　概念と体系の接続――《論理》〔第三節〕

第三節、四節を受けた第五節では汎神論と自由の両立可能性が確立される。しかし、第三節の途中と第五節に「中間的考察」が挟み込まれていた。改めて取り上げよう。まずは第三節。

シェリングの理解では、スピノザは神と個物を明確に区別しているのだった。それならなぜスピノザは、両者を混同していると誤解されてきたのだろうか。シェリングによれば、それは同一性についての幼稚な理解による。例えばシェリングの出している例で言えば「このコップは青い」と言う場合、これは「このコップ」という主語Aと、「青い」という述語Bが全く同一だと言うのではなく、「このコップ」の別な面から見た特徴を取り出すと「青い」と言っている。「こうしたことは子供にもすぐに理解できることであるのに」、「A＝B」は二つのものの一様性や直接的な連関を意味するのだと理解され、しかもその幼稚な理解が哲学にまで及んでいる、と警告する。これはもう意図的なものか、そうでなければ古代ギリシャで既に克服されている程度の論理学の未熟さによると言うしかない、だから、「論理学の根本的な研究を勧めるのが急務」だと。

飛躍（に見える部分）が多く、とても「論理的」には見えない『自由論』で「論理」の重要性が強調されるというのはお笑いだと思えるかもしれない。しかし、どんな哲学でも、何らかの《論理》がなければ哲学ではない。古代ギリシャ人たちはそれを「ロゴス」と呼んだ（バイオロジー、サイコロジー、エコロジーの「ロジー」の語源）。ただ、その《論理＝ロゴス》は二つの意味を含んでいた。一つは後に論理学として整理される思考の規則、形式論理。もう一つは、いわばこの世界を成り立たせている根本的な原理。そして、後者こそが哲学の捉えようとするものである。歴史を振り返ると、論理学が形式的なものとして完全に整理されたのは実はごく最近のことである。逆に言えば、論理学は伝統的に哲学と結びついてきた。ギリシャ哲学の水準を一挙に引き上げた（あるいは、哲学を変質させた）のがパルメニデスだったが、そこでは哲学イコール論理学だったし、シェリングの同時代でもヘーゲルの『論理学』は思考の形式を扱う「論理学」ではなく、ヘーゲル独自の哲学のことに他ならない。シェリングがここで「論理」と言うのも、論理学／哲学が分離される以前の《論理》のことだし、「同一律の実質的意味」と言うのも、同一律の純粋な形式ではなく、世界の根本原理のことである。

本書では、「哲学する」ための基礎を概念に置いて、そこから体系を構築するという観点を採った。しかし、組み立てると言っても、どのように組み立てればいいのだろうか。概念と体系をどう接続するのだろうか。その組み立て方、接続の仕方が《論理》である。中間的考察は、『自由論』にとっての《論理＝世界の根本原理》の提示なのである。

2　世界の根本原理〔第三節〕

論理というのは、ごく単純に言うと、組み立てていく時に筋を通すことである。論理がなければ、筋が通らない。しかしシェリングに言わせれば、「空虚な」論理では、リアルなものに立ち向かえない。特に自由のリアルを取り出すためには《論理》そのものを独自な仕方で考え直し、新たに哲学を作り出さねばならない。

「世界の根本原理としての論理＝ロゴス」などと言うと、いかにも哲学っぽいが、例えば、マンガ『鋼の錬金術師』を思い出せばいい。ハガレン世界は、われわれの世界と似ているが、根本的なところが違う。錬金術は現実の世界では失敗したが、ハガレン世界では成り立つ。それを成り立たせている根本原理＝ロゴスが「等価交換」である。世界は単にモノだけで成り立っているのではない。モノの集まりを世界＝体系と言えるものにするのがロゴスである。もっと簡単にルールとか法則と呼んでもいい。今のわれわれは万有引力の法則をはじめとする物理法則をこの世界の基本原理と見ているが、ハガレン世界では、それ以上に重要なのが「等価交換」らしい。あるいはマンガ『デスノート』世界では「デスノートに名前を書かれると死ぬ」が法則、ルールである。しかし、これは極めて詰めの甘いルールなので、それを補うのに無数のルールを作らなければならなくなっている。フィクションを作る＝嘘を語るのも難しいのである。スポーツもそう。ルールなしにスポーツは成立しない。サッカーは「手を使ってはならない」というシンプルで強力なルールがあるので、他にあまりルールが要らないが、野球には極めて複雑なルールがある。

フィクションやスポーツはそれでもいい。自由に法則、ルールを設定すれば。それらはわれわれが作るのだから。法律も、社会の基本の原理ではあるが、人間が作るものにすぎない。しかし、現実世界の原理は何だろうか。そのロゴスをシェリングはどう考えたか。

「古代の意味深い論理学は、主語と述語とを先行するものと後続するもの（前提と帰結）として区別することで、同一律の実質的な意味を表現している。同語反復的な命題においてさえ、それが全くのナンセンスでないのだとすれば、同じ関係は残っている。物体は物体であると述べる者は当然、命題の主語と述語とでは別なものを考えている」。

現代の論理学では、命題（文）の形式だけを扱う。「物体は物体である（A＝A）」といった「同語反復（トートロジー）」は、論理形式として真だが、実質的な意味を持たない。だがシェリングは、主語を述べる時と述語を述べる時とでは「別なもの」が考えられているのだから、意味があるのだと言う。つまりシェリングは、この「別（差異）」が結びつけられることが、同一性の実質的な意味だと言うのである。普通、「A＝A」では、主語と述語の位置を入れ替えても同じになる。しかし、シェリングの言うように、主語と述語で違うものが考えられている（同じものが別な観点から考えられている）のなら、その位置を変えることではきないことになる。つまり、重要なのは「先行するものと後続するもの（前提と帰結）」の間に生じる生成、推移なのである。

この考察は元は、スピノザの実体（神）―様態（個物）関係が誤解されている、というところから始まっていた。人々が同一と誤解している実体と様態の間には、差異があるのだというのがシェリングの主張だった。しかし、本当の論点はスピノザ解釈ではない。序論前半で論じられてきたのは主として体系の問題だったと言える。しかし、単に体系というよりも、自由との関連における体系である。その観点から言えば、今見た同一性についての考察は、体系と自由の連関を世界の根本原理として考えるためのものだったと理解できる。体系と自由、必然性と自由、神と個物といった、通常は異なっている、対立するとされるものが、実は両立する、接続するのだとシェリングは考えたい。しかし、その接続は単純な内在や同一性ではない。両者は別な観点から見られたもので、差異を孕んでいる。こうした差異の統一こそ、シェリングが同一律に見ようとしているものである。

3 創造的統一——同一律と根拠律〔第五節〕

同一律の考察は、第五節にも再び登場する。

「一見すると自由は、神との対立に耐えることができなかったというので、同一性の中に沈んでしまうように見えるとしても、そう見えるのは、同一律の不完全で空虚な捉え方の帰結にすぎないと言える。この原理が表現しているのは、……命のない統一性ではない。この原理の統一性は直接的に創造的なものである」。

ロゴスは、ここで新たに「創造的な統一性」と呼ばれる。既に見たようにシェリングは、内在と言っても死んだ内在ではだめで、生成こそ物事の本質だ（第一四節）と言っていたから、われわれは、シェリングが求めているのが「生きた内在」だと理解した。おそらく、この生きた内在＝生成をシェリング的な《論理》として表現したものが「創造的統一」である。

興味深いのは、上の引用に続いて、「我々は既に、主語と述語との関係の中に根拠と帰結の関係を示したし、したがって根拠律は、同一律と同様に根源的な法則なのである」と言われていることである。この「根拠律」とは何だろうか。

哲学史で「根拠律」と言えばライプニッツが思い浮かぶ。ライプニッツは、現代の論理学の観点から見ても重要な着想をいくつも残しており、論理学の歴史にとって最も重要な人物である。しかしライプニッツは、論理学の原理である矛盾律に並べて、根拠律という原理を主張し、二つ合わせて「二大原理」と呼ぶほど重視した（「モナドロジー」第三一、三二節）。おそらくシェリングはこのことを念頭に置いているのだろう。

矛盾律というのは「Aは非Aではない」というものである。「あるものがAでありながら、同時にAではない、ということはない（矛盾になるから）あり得ない」ということである。これが最も根本的な原理だとされるのは、もしこれを否定してしまうと、矛盾を容認することになるからである。そうなれば、何でもありで、真も偽も意味がなくなってしまう。逆に、この原理があれば、それによって「矛盾を含むものを偽、その反対……を真と判断する」（同、第三一節）ことができる。

一方の根拠律は、簡単に言えば「どんなことにでも、ああでなくてこうである根拠、理由がある」というものである。簡単すぎて逆に分からないかもしれないが、根拠律と矛盾律がセットであることから考えよう。矛盾を含んでいればダメだが、矛盾を含んでいなければ、論理的にあり得る。しかし、それは論理的に可能だというだけである。それが現実にそうであるためには、まずは必要条件として矛盾であってはならないが、十分条件として、それを現にそうさせている理由、根拠もあるはずだ。ライプニッツはそう言いたいのである。ただ、「そうした根拠を我々は通常、知ることができない」（同、第三三節）。神様ならそれを知っているはずだが、という含みがある。

これについてライプニッツに即して考えていくと大きな問題に関わらなければならないから、ここはざっくりと整理してしまうが、矛盾律は可能性に関わる原理だが、根拠律は現実性の原理である。論理学で巨大な足跡を残したライプニッツが「二大原理」だと言ったとしても、現在の論理学では根拠律など扱わない。つまり、矛盾律は論理学の原理だが、根拠律は哲学〔形而上学〕の原理なのである。だとすると、シェリングが考えていたのは、同一律に根拠律を組み込むことで、同一律を単なる論理ではなく、生きた現実の《論理》として捉えようとすることだったと理解できる。

4 前半の結論――「導出された絶対性」〔第五節〕

シェリングは第五節でこのことをさらに展開し、様々な喩えも持ち出している。それらは重要で面白いものだが、ここでは議論の骨格を取り出すことに集中しよう。

根拠になっているものと、それによって根拠づけられているものがあるとすると、後者は何せ前者によって根拠づけられているのだから、前者に依存していることになる。

「しかし、依存性は自立性を廃棄しないのであり、自由ですら廃棄しない」。

シェリングが取り出したかったのはこのことである。それどころか、「もし依存的なものあるいは帰結したものが自立的でないとすれば、むしろその方が矛盾であろう」とさえ主張する。なぜなら、根拠づけられたものは、根拠づけられているという点で、根拠そのもの、根拠づけているものとは別物だからである。(1)

こうして第三節で汎神論＝内在の概念の理解に関わって登場していたものが、第五節に至って、自由を保証するものとして登場することになる。「導出された絶対性ないし神的なものという概念は、矛盾であるどころか哲学全体の中心概念」である。自由を担う個別的なものは全体＝体系から導出され生み出されたものである。だが、それは全体とイコールではなく、全体によって根拠づけられたものだから、根拠づける側の全体とは区別されるし（自由の第一の条件）、それ自体が実体として独り立ちし、絶対性を帯びるのだ（自由の第二の条件）とシェリングは言う。こうして序論前半の結論が導かれる。「神への内在と自由とはいささかも矛盾せず、まさに自由なものだけが、自由である限りにおいて神の内にある」。シェリングは内在の体系と自由が両立可能だと主張するだけではなく、同一律に根拠律を組み込むことによって、両者の結びつきが必然的であると主張するに至っている。この意味で言えば、この中間的考察は、「自由」と「体系」と繋ぐものであり、それによって「自由の体系」を作るための、不可欠のものだったことになる。

5　同一哲学と『自由論』――思索の積み重ね〔序文〕

上で、シェリングの試みは同一律に根拠律を組み込むこと、論理にリアリティを与えることだったと理解した。しかし、ライプニッツでは矛盾律と根拠律が「二大原理」だったのに、なぜシェリングは根拠律の相手として、矛盾律ではなく、同一律を考えたのだろう。一つには、自由の概念と体系との連関が主題だからということがある。シェリングはこの連関を、二元論者のように切り離すのではなく、結びつける方向で考えている。序論前半で問題だった汎神論は神と個物の同一視だと見られていた。そのために結びつける働きをする同一律が取り上げられるのは当然とも言える。

しかし、もう一つ考えられるのは、これまでのシェリング自身の歩みである。哲学というのは、直観に頼るのでなければ、なかなか手間がかかる。粘り強い思索が必要である。新しいことを思いつくのも大事だが、それまで考えたことを振り返り、それをさらに一歩先に進めなければならない。妖怪についで考えたら、次には幽霊についても考えたい。しかし、幽霊について考える時に、全く新たに考え始めるのではなく、妖怪について考えておいたことを活かせばよいのである。シェリングはいろんな問題に次々に手をつけているように見える。この『自由論』でも、新たな一歩が踏み出される。しかし、その新しい論点を明らかにするためにも、少し振り返っておくことは必要だろう。

何のことかと言うと、『自由論』以前のシェリングの哲学は「同一性の哲学」と呼ばれるのである。シェリング自身は序文ではこう言う。同一哲学が始まる一八〇一年の『私の哲学体系の叙述』(以下『叙述』)の後、『哲学と宗教』(一八〇四)で新たな一歩を踏み出したが、必ずしも成功しなかった[2]。だから、『叙述』が「幾らかの重要性を持っていたとすれば、それに並べるべきなのはこの論文」つまり『自由論』だと。

『自由論』と『叙述』は並べるべき二つなのか、全然別なものなのか、前者は後者を超えるものなのかどうか、微妙なところである。しかし、明らかな点がある。それは、『叙述』に表現された同一哲学が、「自然と精神の対立」を克服するためのものだったのに対して、『自由論』のシェリングは「今や対立の彼の根は引き抜かれた」と考えていることである。(3) その上で、「高次の、というよりは本来の対立が、すなわち必然性と自由の対立が現れる時である。この対立とともに初めて哲学の最も内奥の中心点が考察されることになる」。『自由論』は「より高い、本来の対立」としての「必然性と自由の対立」を扱うものであり、その意味では、同一哲学の枠内を既に出ている。実際『自由論』では同一性に、同一哲学期とは違った意味を込め、それが同一律と根拠律の統合に現れていた。しかし、『自由論』でも、同一性を全く否定してしまっているのではないのではないか。

6　自然哲学と同一哲学

スピノザは『エチカ』一作に全思索を集約した。一方、シェリングはころころと立場を変えているように見える。しかしその底には一貫したものが見出されるのではないか。自然哲学から同一哲学、そして『自由論』へ。その変遷を見ると、決定的な主著を持つ哲学者では見えない思索の積み重ねが見え、哲学する際の大きな参考になる（まあ、以下思い切り抽象的な話をする言い訳なのだが）。

同一哲学は、自然と精神、客観的なものと主観的なものの絶対的な同一性を主張する。これは、既に導入部で見ておいたデカルト以来の課題に対するシェリングの解答である。デカルトは精神を身体・物体から切り離した。カント、フィヒテへと至る近代哲学の主流がデカルトの方向の徹底にあったとすると、シェリングの自然哲学が画期的だったのは、精神の根底に自然を見出したことだった。つまり、自然と精神を連続的なものと見るわけである。こうした連続性を、改めて原理として取り出したのが同一哲学である。この点で言えば、自然哲学と同一哲学は体系の水準においては異なるものの、基本的に同じ問題の延長上にあったと言うことができる。しかし、より正確に言えば、自然哲学は自然から精神への連続性を描くのに対して、同一哲学は両者の無差別的な同一性を主張する。この意味では、体系の水準が異なっている。意識と無意識、主観と客観、精神と自然の同一性を、自然を基盤として見出すのが自然哲学である。しかし、同じ同一性を精神を基盤として見出すこともできるはず。これが超越論哲学と呼ばれるものだ。自然哲学と超越論哲学という「両方の学は一つなのであり、それらの課題の方向が対立するという点で区別されるだけなのである」(III, 272)。

この時期、同一哲学そのものはまだ登場していないが、その萌芽はここに既に見られる。自然哲学と超越論哲学とは一対となる。自然から精神へ、精神から自然へという二つの方向における連続性。しかし、この二つの連続性は実は同じものの両面であり、二つの学の根底には両者の同一性が予想されている。そして、両者を一つの学と見なすような、より高い水準において改めて考えられたのが、同一哲学の体系である。逆に同一哲学は、この二つの学で示されていたものを踏まえている。つまり同一哲学は、それ以前の自然哲学を否定しているわけではなく、それを含んでいるのである。

7 同一性と個別性

普通に考えると、同一性というのは、二つのものが同じだという関係のことである。シェリングでも最初はそうだったのだろう。つまり、自然と精神の同一性。しかし、二つのものが本当に同一であるのなら、それはもう自然でも精神でもないのではないか。そこでシェリングは、同一性こそが本体であると考えた。自然と言い精神と言っても、それは一面にすぎない。絶対的なものがあるとすれば、それは両者の絶対的な同一性なのだと（うーん、抽象的だ）。これを打ち出したのが同一哲学で、この時期の出発点となった『叙述』は『エチカ』にならって書かれており、内容的にもスピノザに最も近づいたとされる。(4) シェリングにとっても自信作だったに違いない。何せ「私の哲学体系」と銘打ったのだから。

しかし、現実の世界は多様なものから出来ている。そこでシェリングは、それら多様な個別性を同一性から引き出そうとする。そのために導入されるのが、「量的差異」という概念である。絶対的同一性の中身は主観的なものと客観的なものの同一性である。いずれかが強く、もう一方が弱くなると、それはもう同一性から離れる。そこでシェリングは、主観性が強い状態から客観性が強い状態まで様々な段階を設定する。それが「量的差異」である。これが有限性、個体性の基礎づけとなるわけである。

しかし、同一性の立場から言えば、本来「主体と客体との間には、対立といったものはない」（『叙述』第二一節系）と言わざるをえない。そうである以上、「両者の間に質的な差異は考えられないから」、「量的な差異しか可能ではない」（同第二三節）。しかし、「絶対的な同一性に関しては、何ら量的差異は考えられない」（同第二五節）のだから、「量的差異は、絶対的な同一性の外にしかあり得ない」（同系）。こうして有限性、個体性は、絶対的同一性にとって外面的なもの、抽象的なものでしかないことになる。(5)

自然哲学から同一性哲学へと段階を踏んで高まってきたのはよかったが、当たり前の話だが、同一性を表立たせたために、今度は多様な個別性がうまく捉えられなくなった。シェリングは、スピノザの弱点とされてきたもの、つまり無世界論まで引き継いでしまった[6]。

この点を批判して来たのがエッシェンマイヤーという人で、それに答えたのが『哲学と宗教』である[7]。しかし、シェリングも言うようにこれは不十分だった。『自由論』はその上で登場した。『自由論』と同一哲学の間には何らかの連関があるのではないか。われわれはそう示唆してきた。しかし、個体性の問題を巡っては、両者の間に相違が見出されるのも確かで、これもまたシェリングが交わした思想的対話の帰結である。

同一哲学と『自由論』では、そもそも根本の問題が違っていた（序文）。同一哲学において想定されていたのは精神と自然、主観的なものと客観的なものとの同一性だったが、『自由論』で考えられている同一性は、むしろ、個物と神、自由と体系の間のものだということである（序章5）。同じ同一性という言葉が用いられていても、既に場面が変化している[8]。そして、『自由論』の創造的な同一性においては、同一哲学で消極的なものに留まっていた個別的なものが浮上することになる。

自由の体系は同一哲学を全否定してはいない。だが両者は、自然哲学と同一哲学の場合のようなスムーズな連続性を持たない。自由の体系と同一性体系は内在の立場を取る点では共通だが、それぞれ別の課題を担った二つの体系なのである。それを示しているのが同一性の解釈の違い、《論理＝ロゴス》の違いである。同一哲学で存在のロゴスだったものが、ここでは生成のロゴスとなる。先取りして言えば、同一哲学で最初にあった同一性が、『自由論』では生成を通して、最後に姿を現すことになるのである（第一〇章6）。

第六章　哲学史の活用

1　序論の切断〔第六、七節〕

第六、七節はスピノザ主義を改めて主題化する。ここからが序論後半だと思うのだが、実を言うと注釈者たちは、この部分を汎神論概念の吟味の続きと見ている(1)。スピノザ主義が汎神論の代表と見られていた歴史からすれば、そう見えるだろう。しかし、第六、七節のスピノザ主義論は、第五節までのスピノザ言及とは明らかに異質である。第五節までは、汎神論の問題が主筋で、スピノザ主義の問題は重要ではあったが派生的な問題だったし、それもスピノザ主義は何でないかという消極的な規定の仕方だったが、第六、七節では、スピノザ主義とは何であるかという積極的規定が主題になっているからである。さらにシェリングは、自らの立場とスピノザ主義がヤコービらによって混同されていることを念頭に置いて汎神論の概念を展開しているのだった。シェリングは、自身の立場とスピノザ主義を区別したいのだ。だからシェリング自身が汎神論の立場を採っているとすれば、スピノザ主義は汎神論であってはならない。とすれば、第五節までの汎神論概念の部分と第六、七節のスピノザ主義論の部分は、シェリングの立場からは明確に区別されねばならない。さらにもう一つ、シェリングが汎神論概念を展開した真の理由、この『自由論』全体にとっての意味は、汎神論ないし内在の立場が自由と矛盾しないことを示すということだったが、それは既に第五節までで明確に示されており、第六節冒頭でも再確認されている。だから、もし第六、七節が汎神論問題の続きであるのなら、この部分は余談にすぎなくなってしまう。

これらの理由からすると、第六、七節のスピノザ主義論は、第五節までの汎神論問題とは明確に区別されねばならない。しかしその上でこの部分が余談でないとすれば、序論中でどう位置づけられるべきだろうか。われわれの回答は単純なものである。すなわち、この部分は第五節までとは切断され、第八節以下と繋げて理解すべきである。[2]

2　序論後半の見通し〔第六―一〇節、第一二節〕

さて、これを念頭に置いて序論後半の見通しをつけよう。序論前半で描かれたのが主として自由と体系の連関問題だったとすれば、後半で表立ってくるのは自由の実在的概念である。まず実在論の問題が取り上げられる（第七節）。次いで取り上げられるのが観念論である（第八節）。実在論、特にスピノザ的な実在論では自由が否定され、カント以降の観念論では自由の概念が明確に主張される。だが、シェリングからすれば後者にはリアリティが欠けている。そのリアルな自由の中心にあるのが悪であり、そこで悪と体系との連関の問題が提示される（第九節）。その解決の道として探られるのが、実在論と観念論の融合である（第一〇節）。なぜそれが解決になるのか。それは上に見た「創造的統一」が実在論と観念論の統一だからだと考えられる。実際、本論冒頭で登場する主要概念、「実存と根底」（第一二節）とは観念的なものと実在的なものなのである。

先に見たように、同一哲学は同一性を軸にしながら、主観的、観念的なものと客観的、実在的なものの差異（ただし量的、消極的な差異）から個別性を成立させようとしていた。それに対して、『自由論』で対立と同一の関係にあるのが、実存と根底である。両者の区別は単純な同一性でも量的差異でもなく、明らかに質的差異である。ここから本来的な個別性が浮上することになる。シェリングは同一性に根拠律を組み込んでいたが、それがこの区別の鍵になる。根底とはドイツ語でグルントと言うが、これは根拠のことなのである。ここには根拠づけるものと根拠づけられるものとの区別とともに、両者の連関が込められている。実存と根底は、自然哲学、同一哲学期を受けて、それぞれ観念的なものと実在的なものとされ、神そのものと「神の内なる自然」とも呼ばれる。両者の区別、これが神と神ならざる事物との区別（自由の第一の条件）の基礎となるし、事物は独自の存在を得る（自由の第二の条件）。だが、同時に、両者は実存とその根拠として、根拠づけの関係として分離されつつ連関させられ、統一される。この差異化と統一化との運動が「創造的統一」だった。だからこそ、序論後半ではそのための準備として、実在論と観念論が再検討され、融合の道が模索されるのである。

しかし、実在論と観念論の融合と言っても、そもそも実在論、観念論とは何だろう。

3　実在論と観念論——体系を作る《素材》

哲学者も科学者も日本語では「者」だが、英語ならフィロソファーとサイエンティストである。「サイエンティスト」という言葉は意外に新しく、一九世紀になって出来た言葉だ（それ以前の科学者、例えばニュートンも、当時は「哲学者」である）。一般に、「-ist」は専門家を指すし、職業と言えるものが多いが、「-er」は「〜している人」ならみんなそうである。泳ぐ人ならスイマーだし、走る人ならランナー、哲学する人はフィロソファーになる。逆に「哲学者」という職業はない。

と言うと、「じゃあ、誰でも哲学者になれますか」と質問されたりするが、その通り、と言うしかない（努力すれば）。ただ、同時代や後世に特に影響を与える哲学者もいる。ソクラテスやプラトンなどがそうである。近代ではとりわけデカルトの物心二元論が後世に圧倒的影響を与えている。精神と物体を明確に区別すると、物体なら物体だけを研究して、心のことなど考えないで済む。科学はこの二元論に基づいて誕生したのである。

科学者はそれでいいかもしれないが、哲学者は「世界は二つのものから出来ている」では落ち着かない。哲学は体系的統一を求める。だから、物質が基本でそこから精神も生じると考えるか、あるいは、精神が先でそこから物質が生まれたと考えたい。前者が実在論、後者が観念論である(3)。近代の哲学は、ある意味では、世界を作っている《素材》を精神と物質という二つに見出し、それらをどう接続して体系にするかを考えてきたのである。ただし、そこに「ぜんぶ」としての神の問題、「じぶん」の自由の問題が立ちふさがる。

『自由論』では、実在論の極北としてスピノザが、観念論の代表としてフィヒテが登場する。しかし、シェリングはどちらでもない。かと言って、もちろん二元論ではない。既に見てきたように、シェリングは初期から精神と自然を統一することを志していたのである。しかし、『自由論』ではもう、それでは済まなくなっている。ここでは、精神と自然の統一ではなく、実在論と観念論の統一が目指される。実在論はそれ自体が精神と自然の統一（自然を土台として）であったし、観念論も観念論で両者の統一

（精神を基盤として）だった。つまりシェリングがここでやろうとしているのは、二つの統一をさらに統一すること、しかも同一哲学とは違って単純に同一化するのではなく、創造的に統一することである。『自由論』の《素材》は実在論と観念論である。そして、テーマは自由。だから、個別性、自由が浮かび上がるよう、生成のロゴスを通して素材を接続し、体系を作らねばならない。

4　哲学史の活用

前半でも既に登場していたが、後半でさらに目立つのは、哲学史の活用である。

哲学史にあまり関わりすぎるとそれに巻き込まれてしまって、自分が埋もれてしまうと心配する人がいる。特に分析哲学と呼ばれる現代哲学の流れでは、哲学史は軽蔑に近い目で見られている。哲学は本を読んで人の思想をあれこれ論じることではなく、世界に直接アクセスすることだというわけである。これは哲学の本質からして正しい。しかし一方、全く何の準備もなく、いきなり哲学的な問題が論じられると考えるのも現実的ではない。哲学史を避けようとする人々も、自分の思索の出発点として、また素材として、先行する哲学者たちに学んでいる。哲学史だけに拘りすぎる必要はないかもしれないが、先行思想から問題点を取り出し、考えるためのきっかけを得ることは哲学するのに役立つ。また、われわれがここでやっているように、特定のテキストに取り組むことは、重要な訓練になる。それもまた「哲学する」ための一つの方法なのである。ただし、その場合は中途半端に眺めるだけでなく、テキストに徹底して取り組んだ方がよい（最初は訳の分からんことも多いかもしれんが）。

要は、「哲学する」という観点からすれば、哲学史に取り込まれてしまって、そこから出てこられなくなるのがまずいわけである。逆に、過去の哲学者たちから学んだものを自分流に消化し、自分の思索に役立てればよい。実際、大哲学者たちは、それぞれに独自の哲学史観とも言うべきものを持っているし、そこにこそ彼らの本音が現れる。『自由論』の場合も、汎神論概念をめぐって既にそれが見えたが、それはヤコービの批判に対する防御的なものとも言える。しかし序論後半はより積極的に、自分の考えを構築するために哲学史を活用している。〈実在論と観念論〉という枠組み、実在論と観念論それぞれの代表としてスピノザとカント、フィヒテをモデルにしている点である。しかし、スピノザたちに対するシェリングの態度、それらを批判的に摂取しようとしている態度を見れば、この枠組みが既にシェリング自身のものになっていることが分かる。そこに描かれている彼らの像は、率直に言えば曲解にも見えるのだが、その曲解こそがシェリング自身の立場を浮き彫りにするし、そこからシェリングは自身の方向を探り当てているのである。

5　スピノザ主義問題の提示〔第六節〕

「誰かある人間の頭の中で合成されたような体系が卓越した理性体系、永遠不変な理性体系である、といった主張をするためには、相当の心臓が必要である。いったい人々はスピノザ主義ということで何を理解しているのか？」。

第六節冒頭のこの問題提起はそれ自体が興味深い。こうした主張をしたのがヤコービだった。これまでシェリングはヤコービを念頭に置いてこれに反論してきた。しかしここでは、そもそもこの主張はどのようにして成立し得たのかということが改めて問われている。つまり、この問いは、第七節での解答を引き出すだけのものではなく、明確にヤコービやこの時代の人々に対する挑発である。実際シェリングはこの後、スピノザ主義とはスピノザの著作全部のことか、彼の機械論哲学のことか、彼の哲学をどう区分するのか、と次々と畳み掛けるように問いを投げかける。

人々は汎神論について語り、スピノザ主義について語っている。だが、その結果、「神を事物と、被造物を創造者と混同し（とこの体系は理解されたのだが）、思考を欠いた盲目的必然性に全てを従わせるこの体系が、理性に可能な……唯一の体系である、といった主張がある時代に立てられ得たということは、ドイツ精神の発展史上、いつまでも驚くべき現象であり続けるだろう」。実際、ヤコービのスピノザ理解はそれ自体極端なものだった。だが、その極端さを貫くことでヤコービは、自由か体系か、知か非知か、ヤコービかスピノザかと、人々に究極の選択を迫る。その結果、途方もない主張にまで至り、人々を極端に混乱させていることをシェリングは、明確に歴史現象として捉える。「この主張を理解するには、以前に支配的であった精神を想起せねばならない」と。

シェリングが指摘するのは、フランス哲学のドイツへの影響である。おそらく両国の啓蒙主義が念頭にあるのだろう。シェリングの見方では、フランス啓蒙主義の唯物論、無神論、機械論的傾向は本来ドイツには合わない。しかしドイツの啓蒙主義はそれを適切に消化・克服できないでいた。そのため「こうして目も当てられない真理が語られたのである。すなわち、あらゆる哲学、純粋に理性に適った、ありとあらゆる哲学は、スピノザ主義であるかスピノザ主義になる！」。

この「目も当てられない真理」を語ったヤコービが仕掛けた汎神論論争は、メンデルスゾーンらドイツ啓蒙主義への反動だったが、シェリングの目からすれば、ヤコービを増長させたのは啓蒙主義の無力だった。シェリングにとって評価に値するのは、理性の立場を徹底することで理性批判を行おうとしたカントである。しかし、そこにもヤコービが登場して、ドイツ的な心情に訴えて、理性の立場をなし崩しにしようとする。ヤコービからすれば、スピノザもカントも同じ理性の立場で、単なる哲学にすぎない。

「観念論のより高次の光が我々を照らしている今日では」、「驚くべき現象」、「目も当てられない真理」も力を失うだろうとシェリングは見る。シェリングはヤコービを過ぎ去った歴史として葬りたいと考えているかのようである。しかしヤコービらによってこうしたとんでもない主張がなされたのは、啓蒙主義が背景に退いた空所を埋める形で表舞台に登場したスピノザ主義について、人々の理解が曖昧だったせいである。それだけに、スピノザ主義の本質が明確に語られなければならない。

第七章　スピノザ主義・実在論・自然哲学

自由の条件の展開1

1　スピノザ主義の本質〔第七節〕

「それではここでスピノザ主義に関する我々の明確な見解をはっきり言おう！　この体系は事物を神の内に含ませるがゆえに宿命論なのではない。……スピノザが宿命論者であるのは、それとは全く違った、別の理由からでなければならない。彼の体系の誤りは、彼が事物を『神の内に』置いたことなどではなく、それが『事物』であることにある」。

第六節の問いに対する解答がこれである。確かに明確である。注意すべき点があるとすれば、この主張が序論の展開を踏まえており、シェリングの意図を忠実に反映しているという点である。すなわち、スピノザが間違っているのは、彼が事物を「神の内に」置き、内在の立場を採っているからではないという主張は、他ならぬシェリング自身が内在の立場を採っていることを反映している。自分は汎神論者と呼ばれてもよいが、決してスピノザ主義者ではない。なのに人々はスピノザ主義者だと見なしている。それは誤解だ。シェリングが言いたいのは、まずはそのことである。

そしてこのことは、『自由論』全体の課題と密接に関わっている。スピノザ主義は汎神論であり、汎神論は必然的に宿命論だと見なされている。だが、「彼の議論は全く決定論的であって、どう見ても汎神論的ではない」。シェリングからすれば、スピノザ主義が自由を否定する宿命論であるのに対して、汎神論、すなわち自身の立場は、自由を否定するどころか、第五節で確認されたように、それこそが唯一、真の自由を許容するからである。スピノザ主義は、確かに宿命論である。だがその理由は、スピノザ主義があらゆるものを「物」と見なすからである。それは万物を「物」とするばかりか無限な実体をも「物」と見なすという「抽象的な捉え方」をし、さらには、「意志作用をも一つの事物」とする。これこそ、彼の体系が自由を否定する宿命論である決定的な理由である、と。こうしてシェリングは、スピノザ主義に決定的な判決を下す。「一言で言えば、それは一面的実在論的体系」である、と。

2　実在論＝モノ主義〔第七節〕

「一面的実在論」というのは絶対に褒め言葉ではない。「実在論（Realismus）」の語源はラテン語の「モノ（res）」である。(1) シェリングは、スピノザ主義をいわば「モノ主義」だと言うのである。そうするとスピノザの側から見て反論を、と考えたくなるが、できるだけあっさり済ませたい。(2)

ここでシェリングは、スピノザにおける個物、無限な実体、意志という三者がいずれも「モノ」であるとしている。最も分かりやすい意志の場合から見てみよう。シェリングが「彼は意志をも一つの物として扱い、それゆえ非常に自然に、意志は作用するどの場合も他の物から決定されねばならず、この物もまた他の物によって決定され、というようにして無限に至る、ということを証明する」と言うのは、『エチカ』第二部定理四八によるのだろうが、シェリングによれば、スピノザがそう主張できるのも、彼が意志をモノと見ているからである。シェリングの念頭にあるのは、この定理の証明だろう。

デカルトは精神を自立的な実体と考えたが、スピノザにとって精神は様態であり、他の原因から決定されている。だから、精神は自由意志を持たず、自分の意志だと思っていても実は他の原因から決定されているのだ、と結論する。スピノザにとって当然の帰結である。だが、この証明で引かれている第一部定理二八では、意志だけではなく、「あらゆる個物、すなわち有限で定まった存在を持つ各々の物」も同じだと主張されている。人間も個物である。その個物がこんな風に決定されているのなら、それこそ人間もモノと同じではないだろうか。だからシェリングが、スピノザは全てをモノと見なしているのだと理解するのも不思議ではない。

それどころか、スピノザはもっとあからさまで徹底している。実際、彼にとっては人間も石も区別がないのである。飛んでいる石が意識を持つと想定すると、とスピノザは言う。そうするとその石は「自分は自由だ、自分が運動を維持しているのは自分がそうしようと思っていること以外にどんな原因もないのだ、と信じても当然だ。そして、これこそが人間の自由というもの、つまり、全ての人が持っていると自負している例の自由なのだ」（書簡五八(3)(Spinoza-O,(4) IV, 266)）。

だとすれば、スピノザ主義はモノ主義だという見方は、スピノザの立場から反論すべきものであるところか、当然のことになる。(5) 一八世紀後半まで、スピノザ主義は「無神論者」として恐れられた。だが正確には、その間、人々は全てをモノと見なすスピノザ主義を恐れていたのである。それはスピノザ主義への無理解に基づくとばかりは言えない。逆に、一八世紀後半に巻き起こったスピノザ主義への好意が実は、この思考の核心にあった破壊的な力を殺ぐものだったとすればどうだろう。シェリングのスピノザ理解が、歴史的に堆積していたスピノザ主義への恐れだけに還元されるようなものだと言いたいのではない。ただ、シェリングのスピノザ批判に抗って、スピノザは事物をモノと見ていたのではないと主張したとすれば、却ってスピノザ思想の特異性を見失うことになるだろう。

ただ、これはスピノザの無限実体には当てはまらないようにも見える。上の証明でスピノザが引いている定理一七系二の主張は、実は「神のみが自由な原因である」である。無限実体たる神だけが自由なのだから、これ以外のもの、実体の様態であるものは全て他から決定されていることになる。それは意志にも当てはまる。だから、個物や意志がモノのように見えるというのはシェリングの言う通り。しかし、様態を決定している側の無限実体は、他のあらゆるものをモノ化する地平そのものであって、その意味では、実体と様態は明確に区別されねばならない。

しかし、シェリングもスピノザにおける有限な様態と、無限な実体との差異を忘れていなかった（第三節）。だとすれば、シェリングの主張に言うモノ性は、様態的、決定論的な有りようだけのことではない。様態も実体もがモノであるような有りようとは何か。

3　モノ、生命、人格（第七、八節）

他の哲学者への批判は、漫才で言えば「つっこみ」である。だが、漫才のつっこみ役は常識派だが、哲学者のつっこみは時に非常識である。史上最強のつっこみ哲学者ソクラテスはそのために死刑になったのだった。哲学者の批判＝つっこみが非常識にもなるのは、その批判に当の哲学者本人の考えたい方向を込めているからだ（だから本人にとっては非常識ではない）。シェリングがスピノザを「一面的実在論」と呼ぶのも、本当の実在論はそんなものではないと考えたからだ。「スピノザの根本概念は、観念論の原理によって精神化され……、生き生きとした基底を獲得し、そこから自然哲学が生じてきた」。つまり、シェリング自身の実在論＝自然哲学に必要だった観念論的な見方が、スピノザには欠けていたことになる。では、観念論とは何なのか。その中核は、次の第八節に登場するシュレーゲルから借りた表現にある[6]。「活動、生命、自由のみが真に現実的なものである」。先取りして言えば、シェリングはこれでは不十分だとする。それだけでは、いわば「一面的観念論」にすぎないのである。だから、「あらゆる現実的なもの……が活動、生命そして自由を根拠に持つということを示すこと」、シェリング本来の自然哲学の主張が必要である。だが、スピノザ主義はそこまで至ってない。スピノザ主義がモノ主義に留まるのは、実体も含め、「あらゆる事物が活動、生命、自由を根底に持つ」ことを見失っているからである。そして忘れてはならない。問題は自由の条件としての個別性だった。スピノザは生命を見失っているから、個物が個物である根拠も自由も失ってしまっているのだ。実際、後の『哲学史講義』でもシェリングは、スピノザが「死せる盲目的な実体の代わりに、生命的な実体を立てていたら、あの属性二元論は、事物の有限性の根拠を現実的に理解する手段を彼に提供していたことでしょう」（X, 44（七〇頁））と語っている。

観念論は人格を重視するが、スピノザは人格性を明確に拒んでいる。単に神の人格性だけでなく、人間の人格性すら認めない[7]。だから、スピノザには人格概念が欠けているとだけ言っても、全然批判にならない。では生命はどうか。スピノザはシェリングの批判を受け入れるだろうか。おそらくそうではない[8]。例えば、シェリングは内在こそ自由を確立する道だとし、「聖書そのものが、自由の意識の中に、我々が神の内に生き、存在しているという信仰の印と証を見出している」（第二節）と言うが、スピノザも聖書を引いて「全てが神の内に生き、動いている」のだと語る（書簡七三）。

確かにスピノザは物をモノとして考察する立場を明確に示していた。しかしスピノザは、事物から生命を奪うことによってモノ化しているのではなく、生命―人格か、それとも事物―モノか、という二者択一そのものを退けているのである。スピノザの特異性はここにある。心を持つのは人間の特権ではなく、逆に、人間が心と体からなるように、全てのものが物と心の両面を持つ（第二部定理一三系注解）。だがシェリングは、改めて生命とモノとの差異を導入することで、スピノザのモノ主義の異様さを、「一面的実在論」として定式化する。その上でシェリング自身は、スピノザ主義に生命を吹き込んで、自然哲学を作る。これはモノと生命をいったん区別した上で改めて統合しようとすることである。ここにスピノザとシェリングの考え方の違いが鮮明に現れている。

ただ、『自由論』ではさらに、自然哲学より高い観点へと進み、実在論と観念論の相互浸透を主張し、改めて実在―観念論の立場を明らかにしようとする。そうなると単に生命だけが問題なのではない。生命という、自然哲学においても既に出ていた論点に加えて、観念論との関係で改めて人格性が問題になる。先取りすれば、今度は観念論の人格性には、生きた基盤が欠けているとシェリングは主張することになる。「人格性にのみ生命がある」（第四七節）。モノ、生命、人格。スピノザはモノだけしか見ておらず、観念論は人格しか見ていない。だがシェリングにとっては、それらをいったん区別した上で、改めて統合することが大事なのである。なぜなら、それによってこそ生きた人格が生成し、それが世界に意味を与えるロゴスを担うからである。

4 「自然学のスピノザ主義」

一面的実在論であるスピノザ主義は精神を吹き込まれ、観念論化、力動化されねばならないとシェリングは言う（第七節）。それによって自然哲学（高次の実在論）が生まれる。ここではその必要性が指摘されるだけで、内実は語られない。しかし、それを確認しようとしても、自然哲学に関するテキストは量も多いし内容も複雑だ(9)。それはシェリングが、一七世紀以降に具体的に展開されてきた科学の知見を取り込んでいるからである。特に生物学や化学はスピノザが生きた一七世紀には未発達だった。だから、スピノザとの関係を考える時問題になるのは、具体的な内実よりも全体の理念である。

では、自然哲学が取り入れたスピノザ主義的理念とは何か。それを象徴するのが、「自然哲学は自然学のスピノザ主義」（III, 161, 273）という規定である。特に『自然哲学体系の草案序説』(10)では「自然哲学の学問的性格」を論じた節で登場し、シェリングの志向を印象的に刻印する。さらにその印象を決定的にするのが、「能産的自然（natura naturans）」と「所産的自然（natura naturata）」というスピノザが使った概念を援用していることである。

ラテン語の「自然（natura）」は「生み出す」という意味の動詞（nascor）に由来する。「能産的自然」は「生み出す自然」、「所産的自然」は「生み出された自然」である。客観的に自然を考察する近代科学は、後者だけを対象にして成功を収めたが、逆に前者を見落としている。自然はそれ自体が生きた生産的なもの、自立的、主体的なものだというのが自然哲学の根本主張である。シェリンングのこの考えは、自然を単なる客体として捉え、主体的なのは精神だけだと見なしたデカルトや、その延長上で人間理性の自律を主張したカントの路線に対する批判である。そして、それとは違う思想のヒントが、既に一七世紀のスピノザにあったことをシェリングは発見したのである。

しかしあえて言えばシェリングは、デカルト―カントの路線を批判しながら、それに依拠してもいる。シェリングの「主体としての自然」は、デカルト的な「客体としての自然」のアンチテーゼである。しかし、スピノザにとっては、客体も主体もない。スピノザは、デカルト的二元論だけではなく、自然と神を区別して、物を本当の意味で創造できるのは神だけだと考えてきたキリスト教の伝統を批判しているのである。スピノザが「能産的自然」と呼ぶのは、精神と区別された自然でも、神と区別された自然でもなく、存在するもの全てを包括した「神即ち自然」である。だから、スピノザにはそもそも独立した「自然哲学」などない。つまりシェリングは、デカルト―カントの路線の上で、精神と自然との関係を考え直し、新たな自然観を打ち出そうとしているのに対して、スピノザは神と自然との関係を考え直し、結果として、デカルト的な二元論をも退けているのである。シェリングは最後の点だけを取り上げ、それに自分の立場を託している。

これは自分流のスピノザ利用である。もちろん善悪の問題ではない。ずっと忘れ去られてきた自然を生きた主体として取り出すこと、これは自然哲学期に限らず、シェリングの根本志向の一つである。しかし、個々の自然学的な知見を除くと、その際に参考にできる哲学的な理念は極めて少なかった。辛うじて見出されるのがスピノザ主義である。現代、自然環境の問題は重要なものになった。エコロジーに画期的な方向転換をもたらした人に、ディープ・エコロジーを唱えたアルネ・ネスがいる[11]が、彼がバックボーンとしたのもスピノザである（ただしそのスピノザ解釈がまた独特であるが）。実際、近代哲学の主流はもちろん、ソクラテス―カントのラインで見れば、哲学史全体が人間・精神に偏っている。自然に着目するなら、スピノザを除くと、古代ギリシャの自然哲学にまで遡るか、自然神秘主義、あるいは東洋思想を援用するかになってしまう[12]。

ただ、カントからフィヒテを通して強固にされた精神ないし自我の自立、自律性に匹敵するような自然の自立性は、スピノザでは問題とされていない。しかし、超越論的観念論の立場から見ればスピノザ主義は、自律的、自己定立的な活動としての精神・自我を出発点としない、という点で実在論的に見える。この時スピノザ的自然は、精神でないものとして、つまり「自然」として限定的に理解されることになる。スピノザ的実体の活動的性格は、自然の自立性としてその一面だけが評価されることになる。だから「自然学のスピノザ主義」なのである。シェリングにとって自然哲学は、カント、フィヒテの超越論哲学に匹敵するものでなければならない。スピノザの哲学そのままでは不十分なのはそのためである。観念論における超越論的なものに対応するのは、自然学においては力動的なもの、ダイナミズムである（VII, 75f.）。自然哲学はスピノザ主義に精神を吹き込み、力動化する[13]ことで初めて生まれる（第七節）、というのはこの意味においてである。

5　概念の《操作》

「自然学のスピノザ主義」は、あくまで体系全体の理念である。では、体系の具体的な中身を構成しているのは何か。そのヒントは既に第四節に出ていた。ライプニッツ主義である。そこで問題になっていたのは個別性をどう打ち出すかだった。全てを唯一の実体と見なすスピノザと違い、ライプニッツはモナドという個体的実体を主張していたからである。自然哲学においてもシェリングは、ライプニッツ主義を存分に利用している。スピノザ主義に精神を吹き込み、観念論化する？　ライプニッツのモナドは魂をモデルにしており、精神的な実体である。スピノザ主義を力動化《ダイナミックに》する？　ライプニッツのモナドは統一する生きた力そのものである。だったらこれを利用しない手はない(14)。

シェリングがここでやっているのは、概念の《操作》である。中心的な概念は「自由」だったが、概念は「自由」だけではない。自然も精神も生命も人格も、全て概念である。そして、哲学する中で大きな部分を占めるのは、概念を《操作》することである。概念《操作》は、数学や論理学での計算にあたる。しかし、数学や論理学は形式的なものだから記号を使うが、哲学はもっと現実に密着しているので、記号よりも意味のこもった概念を使う。また、その操作の仕方も数学・論理学のように形式が整っているわけではない。標準の論理学なら、単位になるのは命題（文）である。それに「～ない」、「～かつ～」といった操作を加えるのが論理学の演算である。それに比べて哲学の場合は、こうした《操作》が定式化されていないだけに、哲学者はかなり自由に考えることになるが、大雑把に言えば、一つの概念を「展開」する、二つの概念を「区別」する、「結合」するといったことがそれにあたる。こうしたことは、実は意識しなくてもわれわれも普段「考える」と言っている場合にやっている当たり前のことだが、残念ながらしばしばイメージや感情、偏見に邪魔されて、妙な方に行ってしまったりする。だから哲学は、それを自覚的にやろうとする。例えば、既に内在神論と人格神論の概念的結合を見た（第二章4）。モノ、生命、人格については、概念の区別と結合が同時に行われていた（本章3）。また、デカルトが見出した精神の自立の概念を、カントは理性の自律へと展開した。さらにそれをフィヒテは自我の自己定立へと展開した（序章5）。概念はそれ自体が既に抽象的なものだったから、概念《操作》となると、数学や論理学ほどではないにせよ、頭がくらくらしてくる。実際、デカルトはまだ実感的に理解できるが、カントでは相当に抽象的な感じがしてくるし、フィヒテになると、哲学的にすごく面白いのだが、普通の視点からするともうお手上げなくらい抽象的である。そうした場合に大事なことは、概念の名前やイメージに惑わされず、何が問題になっているかを捉えることである。

例えば、概念「妖怪」は「何らかの法則性があるようだが、不思議に思える現象」だった。そこで、妖怪を物理学が見出す自然法則と対比してみよう。対比も一つの概念《操作》である。そんないきなり、と思えるかもしれないが、「妖怪」概念には「何らかの法則性」が要素として含まれていたから、それを問題の焦点にすれば、自然法則と対比もできる。そして、自然法則を重視する科学者からすれば、「妖怪」など存在もしないし、意味もない、と言いたくなるだろう。法則性があるように「見える」だけで、よく観察すれば自然法則に解消されてしまう。「不思議さ」もあなたにそう「思える」だけだと。

実際、物理学者は一生懸命、そうした不思議さを世界から取り除こうとする。

こうして、突飛に見えるかもしれない「妖怪と自然法則」の対比から、「妖怪」は世界そのものというより、それを見ている「じぶん」の立場から考えたものだったこと、逆に、科学はそうした「じぶん」をできれば取り除きたいと考えていることが分かる。

さて、次には、シェリングがやっている概念《操作》を、できるだけ単純化して取り出してみよう。スピノザ主義の観念論化とは、スピノザ的な自然の概念にライプニッツ的な魂を吹き込むことだった。これはつまりは概念の結合である。スピノザ主義の力動化、これも自然と力の概念の結合である。しかし、結合は単なる足し算ではない。結合によって得られるのは、元の概念とは別な水準の新たな概念なのである。概念の結合によってどんな転換がなされているか、その点に注意しよう。

6　自然哲学のライプニッツ的契機

『自然哲学の考案への序説』(一七九七)[15]でスピノザとライプニッツを対比的に扱った一節(II, 20–1)[16]。スピノザは「精神と物質を明確に一つのものとみなし、思考と延長を同一原理の様態にすぎないとみなした最初の人」だった。この点はシェリングの自然哲学、同一哲学の基本理念に関わる。だが、スピノザは無限の中に有限を取り入れた。そのためスピノザでは、無限から有限への移行が説明できない[17]。だが「ライプニッツは逆の道を進んだ。ライプニッツ哲学を復興できる時が来た」。この高らかな宣言は、「自然学のスピノザ主義」標榜に劣らない大きな意義を持つ。シェリングはライプニッツのモナドという有限な精神的実体としての個体において無限が観念的に実現されていることを重視するのである。[18]「スピノザ説にヘン・カイ・パンが必然的に属すように、ライプニッツ哲学の独自性はモナド論にこそある……」（I, 459）。

モナドの概念はそれ自体が高度に抽象化された難しい概念だが、ここでの作業に合わせて概念分析すると、その要素として精神的実体性、力、個体性が挙げられる。だから、自然哲学はスピノザ的な自然概念にこれらの要素を加えることになる。

『草案への序説』では、名指しはしていないが、明らかにライプニッツを念頭に置いて、自然哲学の力動的な性格を描いている。自然の力動的プロセスは、自然における個々の作用、観念的な性格の活性によるとシェリングは主張する。これはいわゆる原子論とは違っているが、一種の原子論、いわゆる「力動的原子論[19]」である（III, 293）。シェリングはその原子に当たるものを「エンテレケイア」と呼ぶ。これは元はアリストテレスの概念だが、ライプニッツもモナドを指すのに用いた（Leibniz-S, IV, 469, 479）。このエンテレケイア＝モナドは「単純なもの」（「モナドロジー」第一節）で、これこそ「真の原子」（同第三節）だとライプニッツは言う。

こうして力を持った個体的なモナドを導入すると、自然はどう捉え直されるだろうか。スピノザの物質的自然像の基盤となっていたのは、デカルトの延長概念を形而上学化したものである。[20]シェリングからすれば、生命のない死んだ自然である。自然を均質な広がりとして見る延長説の特徴は、世界の階層性を認めないことだ。「自然は常に同じであり、自然の力と活動力は至るところ同一」（『エチカ』第三部序)。だから、自然の発展、進化も考えられていない。力動的《ダイナミック》でないのだ。しかしシェリングにとって自然哲学の基本的な構成は、観念的なものと実在的なものという対立の図式によって、より低い段階からより高い段階へと高めていき、全体を階層的に構造化することである。ここには、モナドの判明性の度合によって自然と精神の連続を導くライプニッツの発想が受け継がれている。[21]「この〔ライプニッツ〕哲学は、自然の内に生命の階梯があると前提しているに違いない」(II, 46)。この構造は同時に、自然が精神を目指して高まるプロセスである。精神を目指すという意味で、目的論的で、かつ精神を目指すという意味で観念論的になる。目的論はスピノザが鋭く批判していた(『エチカ』第三部序、第一部付録)が、ライプニッツでは再登場する(「形而上学序説」第一八―二二節)。

シェリングから見ると、スピノザ主義は確かに自然の自立性を捉えていたが、しかし、単なるモノとしての自然に留まる限り、不十分である。自然が本当に自立的で生きたものとなるには、スピノザ主義が観念論化、力動化されなければならない。シェリングはフィヒテ観念論を批判して、「単に自我性が全てであるというだけではなく、反対に全てが自我性でもあるということを示すことが求められる」(第八節)と言う。これこそシェリングの自然哲学の主張であるが、これはまさしくライプニッツのモナドロジーそのものである。[22]スピノザ主義に見出された自然の自立性は、モナドロジーとそのダイナミズムの援用によって、つまり概念が結合、展開されることで、自然の主体性にまで高められる。[23]デカルト以来のモノ的な死んだ自然が、生きて生成する自然となる。こうしてスピノザの「生み出す自然」は、シェリングの言う「自分自身を組織化する自然」[24](I, 386, AA. I/4, 113)へと概念転換された。ここで自然は、既にフィヒテの自己定立に匹敵するものにまで高められているのである。そうしてこそ自然哲学は、超越論的観念論に対抗できるものになる。(25)

7 自然から人間へ〔本論第一一―一五節へ〕

こうした背景を持つ自然哲学は、『自由論』でどう用いられているだろうか。本論冒頭、第一一節でシェリングは、「本当の自然哲学の原則からしか、ここに生じている課題に完全に満足のいく見解を展開することができない」と言う。次の節ではいよいよ、実存と根底の区別という『自由論』の実質的な理論的エンジンが提示されるが、この区別も「我々の時代の自然哲学が初めて」確立したのだと言われている。ここから見ても、『自由論』で自然哲学が不可欠な役割を果たしていることが分かる。

この区別が、第一三節では神に即して展開される。神も神であるための根底が必要であることは従来も認められてきた、とシェリングは言う。しかし、それは口先だけだったと。逆にシェリング自身は、それは実在的なものでなければならないと言い、それを「神の内なる自然」と呼ぶ。自然が神の根底になる！　神が「ぜんぶ」としての体系であるとすれば、自然は体系そのものの根底なのである。

こうした神の構造は、自然の構造と共通性を持つ。「実存と根底」は、自然においては「重力と光」として現れる。これは、言葉こそ自然科学っぽいが、中身を見ると、ほとんどファンタジーに見える。だが、シェリングにとっては単なる空想ではなく、哲学的な概念である。これは実在的なものと観念的なものを原理化したものなのである。実在的なもの、重力が根底となって、観念的なもの、光が実現することになる。根底とはいわば可能性（デュナミス）であり、その実現した姿が実存である。

次の第一四節では、「万物から出発する考察」が語られる。上で取り出された神の構造が、今度は自然についての説明に本格的に適用されることになる。特に重要なのは、根底が神の実存の根底であるばかりではなく、万物の根底であるとされることである。「これが万物における実在性の理解しがたい基底をなすもの、決して割り切れない剰余[26]」である、「この先行する暗闇なしには被造物の実在性もない」のだと[27]。これこそシェリングがここで説明したかったことである。つまり、本章で見た自然哲学が確立した自然の自立性、主体性が、ここでは自由の基盤として活かされているのだ。序論前半、第三節で取り出されていたように、自由の基盤には個別的なものが全体に対して独立性を持つことが必要だった。その独立性の根底がここで自然に求められるわけである。

そうした自由の発露として、第一五節終わりでは「神において分離することができない統一が、人間においては引き裂かれ得るのでなければならない。——これが善と悪の可能性なのである」と言われることになる。つまり、観念的なものと実在的なもの、実存と根底、光と重力（光と闇）の統一と分離が神と人間を説明する。とりわけ人間における悪の根っこを説明するのである。だが、もう一つ重要なのは、世界の中での人間の位置づけである。万物は自然としての根底から生まれてきたのだった。だから人間も根底から生まれてくる。これは自然哲学で確立された自然と精神との連続性、自然から精神への発展のプロセスを受けたものである。しかし、それだけなら人間も自然も同じになってしまう。第四節で見た自由の条件は、個別的な存在が個別的であるための個体性だった。この個体性をしっかりと持つのが人間である。ただし、人間が人間であるのは、二つの原理が、神のように不可分な形でではないが、ある種の結合を得て独自の人格を形成するからである。それによって人間は、単なるモノとは違って、神とは独立の存在となりうる、つまり人間的な自由の基盤を得るのである(28)。

もう一つ、詳論の余裕はないが、どうしても触れておかねばならないのは、ここでシェリングが、ベーメ（元は単なる靴職人だったが、ある日啓示を受けて深遠な本を膨大に書き残したちょっとイッちゃった人）らの自然神秘思想を、名指ししないで援用していることである。ここでの自然哲学が、初期の自然哲学とはまた趣が変わって、悪く言えばよりファンタジーに近いように見える、よく言えば深みを増しているのは、そのためである。

第八章　観念論的な自由と悪

自由の条件の展開2

1　カントはなぜ偉いか〔第七、八節〕

第七節でのスピノザ主義論は単なる評論家的な解釈に留まるものではなく、シェリングの立場からの根底的批判だった。しかし同時に、この批判からは『自由論』の採るべき方向が導き出されている。スピノザ主義批判に次いでシェリングは、しばしば『自由論』にとって決定的であると見られる「意欲こそ根源存在である」との主張を打ち出す（第七節）。これを受けた第八節では、「我々の時代に、この点にまで哲学を高めたのが観念論である。観念論のもとではじめて、我々本来の対象の探究に取りかかれる」として、話題は観念論へと移る。

『自由論』の本来の対象、それは自由の概念だった。全てをモノと見なすスピノザ的な実在論ではその自由が成立しないが、観念論は意志の観点を強調し、明確に自由を打ち出す。この点で観念論に一定の評価を与えつつ、しかしシェリングの素早い筆はすぐさまその不十分さを抉り出す。「それでも、観念論だけでは完全な体系にはほど遠く」、より踏み込んで考えると「途方にくれさせる」。

こうしてシェリングはフィヒテ、さらにすぐにカントの批判にかかる。だが、これではペースが速すぎる。ワンクッション置こう。既に見たように、デカルトは「考えるということさえあれば、『私は存在する』」と言えると考えた。この「私（自我）」とは「考える私」、つまりは精神のことだった。これで精神の自立性が見出されたが、後から考えれば、これはまだ守りの姿勢だった。デカルトは精神に対する物体の世界を認めていたし、また、精神や物体を超える神の存在を認めていた。デカルトでは、精神はそれらとは相対的に「独立」しているだけだったのだ。だから、もし精神の立場、つまり観念論から攻めに出るとすれば、物体や神も精神の側から見なければならない。精神は単にそれらから独立しているだけではなく、自律しているのでなければならない。カントの出番だ。

まずは物体、自然の世界である。カントは物体がどんなものかとか、自然にどんな法則があるかといったことは論じない。それはいわば科学（この時代には「科学」といった言い方はないが、話を簡単にするためにこう言っておく）の仕事である。しかし、科学も精神の働きによって生まれる。だから、科学とは、自然そのもの（物自体）を捉えたものではなく、われわれがそれをどう捉えているか、自然がわれわれにどう現れてくるか（現象）を示したものなのである。

ここまでは何となく分かる気がする。実際、科学は本当に自然を捉えているのだ、と主張することには困難がある。というのは、精神が思い描いている「これが自然だ」というのと、自然そのものの姿とが一致していればいいだろうが、その二つの一致を保証してくれるものはないからだ。昔はよかった。神がその保証をしてくれたから（例えばデカルト）。しかし、徹底してわれわれの立場から考えようとするカントはもう神に頼れない。では、われわれが持つ自然観が正しいと言うにはどうしたらいいのか。そこでカントはこう考えた。精神＝主観と自然＝対象が一致することが必要だと考えるからまずい。そうではなく、われわれに自然が現れてくる仕組み、これがまともなものであれば、それでわれわれが思い描く自然の像は「正しい」と言える。ではその仕組みはどうなっているか。調べてみよう。こうなっている。だからわれわれ精神が思い描く自然の像は「正しい」。これが『純粋理性批判』（一七八一）[1]の主張である。ここでは、自然について考えるのも、その正しさを保証するのも、実は精神自身なのだとされる。こうして自然から完全に切り離された観念的な領域が成り立つ。超越論的観念論とはこのことである。ここには啓蒙主義の理性と違い、理性そのものを吟味する理性が登場している。

この本は難しい（昔は『純理』を読み終わると赤飯を炊いてお祝いしたらしい）が、それも当然。言うのは簡単だが、精神が自然を描くための仕組みを探究するのも手間、それが正しいかを判定するのも一苦労だからだ。しかもカントはそれをきっちりやっているから、もう大変である。もしそこで手抜きしたりすると、画期的な主張がおじゃんになるからだ。この辺は確かに見習いたいところで、カントはその意味では哲学する見本になる。ただ、カントは確かにこれまで誰も考えなかったようなことを考えたが、この慎重さのために話は込み入っているし、用語もきちんと定義して使う。おまけに適切な言葉がない場合は自分で作ってしまう。ここではそうした手続きをすっとばして説明しているから、やや誤解を生むかもしれないが、『自由論』にとって大事なのはこの後である。

2　観念論と自由〔第八節〕

カントはこの延長上で、それまで哲学者たちが大論争を繰り広げて来た問題に画期的な解答を与えている（『純理』の超越論的弁証論）。例えば、魂は不滅なのか。カントは「われわれ」の立場に立って、科学の成果を「正しい」とするが、現在のわれわれとは違って、死んだら魂も消えてしまうとか、そんな粗雑な結論を出さない。なぜなら、そもそも死んだ後のことなんか誰も経験できないから、正しい答えは「分からない」なのである。神の存在についてもそう。存在するとしても矛盾はないが、存在するという確証が得られるわけではない。そして、われわれは自由なのか、それとも世界は全部原因と結果の法則で決定されているのか。ここでもカントは、どっちも間違いではない、と言う。しかし、どっちも間違いでないということは、どっちも正しいと言えないということだ。

しかし、この答えはずるくはないか。結局どっちなんだ、と言いたくなる。今までああだこうだと論じてきた哲学者たちがバカみたいに見える。しかしカントは、それらが無駄だと言うのではない。ただ、領域をちゃんと分けなかったのが悪いのである。科学は実験や観察で得たものを整理することで答えを出す。だから、そこに、実験や観察をやらない道徳や宗教が口出しするのはお門違いだ。しかし、魂の不滅や神の存在やわれわれの自由の問題は、実験や観察による理論では答えが出せないものの、実践的には重要な意味を持つ。だから、これらは科学が扱うべき理論の領域ではなく、道徳や宗教の領域で扱われねばならない(2)。こちらには科学の方が口出しできないのである。

特に道徳、倫理(実践の領域)にとって、われわれの自由は決定的な意味を持つ。なぜなら、もしわれわれが自由でなく、全ては何かの原因によって決定されているのだとすれば、もう何をしてもいっしょだからである。ある人が殺人を犯したとする。しかし、それにも原因はあるのだし、本人の自由ではなかったのだと言うとすれば、殺人もその人の罪ではないことになる。もう善も悪もなくなってしまってむちゃくちゃである。

こうしてカントは、現象と物自体、理論の領域と実践の領域を明確に分ける。しかし、単に分けるだけではなく、さらに先へ進む。カントの考えでは、自然を扱う科学はわれわれの側からの自然の見え方なのだった。こうした理論の領域とは違って、もう一方の実践の領域は、「われわれはどうすべきか」に関わる。実践的な行為においては、「自然によってそう決まっている」という説明（スピノザはこれを理由にして自由意志を否定したのだったが）も、「神がそう命令されたから」という説明（これは宗教の立場である）もダメだ。理論の問題をわれわれの側から見たように、実践の問題もわれわれから見なければならない。しかも、実践とはわれわれ自身がどうするかなのだから、「われわれ（理性）がわれわれ自身に対してどうすべきかを定める」という形を取る。自然や神や、損得や政治権力が決めるのなら他律ということになってしまう。われわれは自由でなければならないし、だからこそ自律的であり得るのである。この自律の思想は、デカルトから始まった精神の自立を力強く前へと進め、一つの完成形に高めたものと言える。自律があるから、自然に関する理論の領域よりも精神に関する実践の領域の方が優位である。だから、カントは観念論になる。こうしてカントでは、デカルトの物心二元論が理論／実践の二分法に変形され、さらにはそれが観念論的に統合されているわけである。シェリングが自然哲学に求めたのは、こうした自律に匹敵する自然の主体性だったのである。

カントのお陰で「自由」を明確に掴めるようになった。しかしそれは、シェリングから見ればまだ「消極的」なものにすぎない。「奇妙」なのは、カントが自由という「この唯一可能な積極的概念を物にも移すという思想へと進んでいかなかったことだ。そうしてさえいれば、彼より高い観点へと高まり、彼の理論哲学の性格である消極性を超えてしまっていたろうに」。つまりシェリングは自由の概念を全哲学体系の「支配的中心概念」とするためには、実践の領域だけではなく、理論の領域へも、すなわち自然へも自由を持ち込まねばならない、「自由を全宇宙にまで拡張したい」と考えるのである。

同時に、観念論は自由の概念をあまりに「一般的」に捉えてしまっている。単なる形式的な自由概念ではなく、全てのものに適用される一般的な自由概念ではなく、自由がまさしく「人間的自由として規定される」ような特別の指標「を示そうとするには、単なる観念論は十分ではない」。自由の概念が本物であるためには、単に観念的なものであるだけではなく、「実在的で生き生きとした自由概念」でなければならない。そしてそれこそが「自由とは善と悪の能力である」というものであり、ここに『自由論』の課題が十分な意味で示されることになる。

3　「善と悪の能力」としての自由〔第八節〕

科学は実験や観察を通して、「ほら、こうなってますよね」と確認する。しかし、「実際にこうである」のと「こうすべきである」とは違うから、事実から義務は導けない、などと言う。カントはいわばこれを逆手にとって、だから道徳的な義務というのは、世界はこうなっているというのとは独立で、意志の問題であって、それを決めるのはわれわれ＝理性（実践理性）だと言う。「世の中はこういうものだ、だからわれわれもこうしておけばよい」などというのは、カントからすれば全然「善く」ない。道徳的でない。逆に、「たとえ世界がどうであろうと、まずはわれわれがどうすべきかが決められる」と考える。それができるのが「人格」という崇高なるものなのである。

カントはこうして『実践理性批判』（一七八八）で道徳に突っ走るわけだが、前にも少し触れたように、ヤコービなどは、それは傲慢だと言う。なぜなら、カントの立場では、全てがわれわれ人間の立場から見られているからである。神はわれわれの理性によって捉えられるようなものではないのだ、とヤコービは言うのである。

シェリングはヤコービに同調はしないが、カントに批判的であるのは同じである。なぜなら、カントは「すべきこと」、義務に議論を集中させ、善を行うことばかり考えているが、逆に、悪の問題を全く考えていないように見えるからである。そうなっているのも、カントが自由の意味を考える際に、自律を重視したからである。カントの自律とは、「何ものにも頼らない」ことだと言えばかっこいいが、言い換えれば、「何も頼るものがない」となって、これはそれこそ「頼りない」からである。さらにそれは「理性の」自律である。理性とは、われわれ人間が一般に共通に持っているもののことだが、シェリングからすれば、それではまさに一人ひとりの人間のリアルな自由が捉えられない。

カントの考えは確かにまっとうに見えるのだが、一方でそれは宙に浮いたようなものに見える。シェリングが観念論の自由は「形式的なものにすぎない」と言うのはそのためである。既に見たように、シェリングは精神もまた自然から生まれてくると考える。もちろんそれだけでは、自然が全てを決めているのか、というカント以前の問題に戻ってしまう。シェリングも今さらそんなことは言わない。そうではなく、自然自体が元々自立的で主体的なものであり、そこからさらに人格としての人間が立ち上がってくるのである。自由は自然に根を持っている。自然と自由を切り離したカントをシェリングが評価しつつも批判するのはそのためである。そして、その自然と悪が結びついている。だからこそ自由が実在的なものである以上、「善と悪との能力」とならなければならないのである。

4 倫理学と哲学

実際、カントの言う「自由」は、いわば善をなすための自由であって、現代のわれわれが普通に「自由」と言っているものとは違っている。シェリングの言うように、そこでは、善も悪も行うことができるような自由は考えられていないのである。

しかし、カントの立場になってみれば、そうした批判は当たっていないように見える。彼が問題にしているのは、あくまで「われわれは何をなすべきか」という普遍的な理性の命令であって、悪の問題なんぞはここではアウト・オブ・眼中である。「善」は善であるだけで「そうすべき」ものだ。一方「悪」はその反対でそもそもが「すべきでない」こと、避けるべきことである。だから、善をなせばよいのであって、悪は避ければよい。一言で言えば、カントの意図は道徳問題にあり、カントのやっているのは倫理学である。そして、倫理学は普通、悪の問題など扱わないのである。

それに対してシェリングがここで考えているのは、「何をなすべきか」といった問題ではなく、あくまでリアリティのある自由の概念である。そこには、善も悪も含まれる。善をなすべきであり、悪を避けるべきだというのは正論ではあっても、正論であるにすぎない。「善」をなせばそれは気分もいいかもしれないが、われわれは現実に「悪」をなすことがあり、悪はわれわれに圧倒的なリアリティを持って迫ってくる。シェリングのここでの問題は、倫理学の問題ではなく、むしろ哲学の問題なのである。

倫理学と哲学の関係もよく質問される。手早く言えば、倫理学は哲学の一部門である。哲学は大きくは理論哲学と実践哲学（道徳哲学）に二分される。人間の実践、行為を問題にするのが実践哲学で、これがつまり倫理学である。人類の発生は遥か昔だが、われわれは人間で、動物とは違う、だからこそわれわれは「よく生きる」とは何かを問わねばならないと考えたのがソクラテスである。わずか二千数百年前のことである。これが倫理学の誕生のきっかけになった。それに「倫理学」という名前を与えて学問的に整備したのがアリストテレスである。[3] 一方、倫理学と区別して「哲学」と言う場合には、理論哲学を意味している。しかし、理論哲学（哲学）と実践哲学（倫理学）を含めて、広い意味で「哲学」と呼ぶ。狭義の哲学と広義の哲学があるので少し混乱が起こるのだろう。

「われわれ（人間）は何をなすべきか」を考えるのが実践哲学で、「世界はどうあるのか」を考えるのが理論哲学である。カント以前の人々は理論哲学を元にして実践哲学を考えた。上に見たように、カントはこの二つをいったんは明確に区別した上で、実践哲学の方が上位にあると考えた。そこに観念論の立場が生まれ、ここで自由の概念も明確にされたことになる。シェリングはこの点を高く評価していたわけだが、しかし、それを実践哲学（倫理学）に留めたと言ってカントを批判する。シェリングにとって自由は、単に実践の問題ではなく、理論の問題でもあり、哲学全体にとって「支配的中心」なのである。自由であるのはわれわれであり、その自由によってわれわれは善も悪をもなす。しかしさらに、自由の根っこについて考えるためには、カントのような立場では不十分である。だから実在論、シェリングがこれまで構築してきた自然哲学が必要になる。カントは人間の主観に現れてくる現象として自然を見る。しかし、スピノザはそうした現象の背後に隠された実在の有りようとして、自然の本源的な力を見ていた（能産的自然）。だからシェリングはカントの後でもスピノザ主義の意義を認め、それをさらに高めようとしたのである。

5　一面的観念論としてのフィヒテ？〔第八節〕

さて、先ほどは軽くスルーしておいたが、フィヒテである。シェリングはスピノザの実在論を批判し、フィヒテの観念論を、そしてカントの観念論を矢継ぎ早に批判していた。「『活動、生命、自由だけが真に現実的なものである』と主張することでは全然不十分で、むしろ逆に、あらゆる現実的なもの（自然、事物の世界）がその根底に活動、生命、自由を持つこと、あるいは、フィヒテ的な表現を採って単に自我性が全てだというだけではなく、反対に、全てが自我性でもあるということを示すことが求められる(4)」。

カントの観念論は理論と実践、現象と物自体の二元性を残していた。フィヒテはそれを自我という観点から統一しようとしている。フィヒテはカントの理性の自律をさらに押し進めて、自我の活動を第一に置き、自我が自我を作る（自己定立）と考えたのである。これによってフィヒテはもう自然とか物自体を特別なものとして考えなくてもよくなった。シェリングの言うように、ここでは「自我が全て」であり、全ては自我、意識で包括できる。これがフィヒテの「知識学」と呼ばれるものである。

シェリングの考えでは、観念論は確かに自由の形式的概念を提示することで哲学の水準を高めた。しかし、それはやはり単なる形式的なものにすぎない。シェリングが求めるのは、自由を実在的な意味で基礎づけるような思考である。そのために必要なのは何か。スピノザの一面的実在論が観念論の原理で補われねばならなかったように、今度はフィヒテで先鋭化させられた観念論が実在論の原理で補われなければならない。「全てが自我でもあるということを示すことが求められる」のであり、そのために自然哲学が必要なのだった。シェリングにとって知識学は、いわば「一面的観念論」である。『自由論』ではフィヒテについてはまとまって論じていないが、一八〇六年の『改良されたフィヒテ説に対する自然哲学の真の関係の明示』（以下『フィヒテ論』）がそれを補ってくれる。[5]

フィヒテはいわゆる「無神論論争」[6]以降、知識学の立場を深めた。[7]例えば『人間の使命』（一八〇〇）第一編では自然から発する立場を検討し、自然からは自由が見出せないと結論している。[8]明らかにシェリング自然哲学を意識した議論である。

シェリングは一八〇一年に同一哲学を確立するので、自然哲学はそれ以前のものだと思われがちだが、実はそれ以降も自然哲学の意義は見失われていない。同年の『自然哲学の真の概念について』では超越論哲学＝観念論と自然哲学＝実在論のどちらが先立つかと問い、「疑いなく自然哲学である。この哲学こそが観念論そのものの立場を成立させるのだから」と言う（IV, 92）。[9]『人間の使命』に対するシェリングからの応答である。

しかしフィヒテは、『現代の根本特徴』（一八〇六）[10]で、明らかにシェリング自然哲学を指して、非理性的な学であり、夢想にすぎないと、ほとんど挑発的に揶揄している（第八講）。同年に書かれたシェリングの『フィヒテ論』はこれを受けて、そうしたフィヒテの立場を厳しく批判しながら、「真の哲学は総じて、すなわち真にして積極的なものの認識である全ての哲学は、事実上自然哲学である」（VII, 30-31）と改めて宣言する。

その意味で言えば、シェリングは一貫して、精神、自我、意識の観点から見出される明るい世界の根底にあるものを見ていた。フィヒテ的な意識の光のもとでは隠されてしまう暗い原理としての自然である。『フィヒテ論』では、フィヒテが揶揄した「夢想」こそが「事物の根底と永遠の誕生」（VII, 120）を捉えていたのだとして改めて強調される。そしてこれが『自由論』では、「根底」（第一二節）、「神の内なる自然」（第一三節）、「先行する暗闇」（第一四節）として現れるのである。「この先行する暗闇なしには被造物の実在性もない」。フィヒテは自然から自由は説明できないと言うが、それは死んだ自然、一面的実在論の自然を考えているからにすぎない。逆に自然がなければ自由もリアリティを持たず、生きたものとならない。神の人格ですらそうである。スピノザは人格性を明確に批判していたが、それと正反対の自我の立場に立つフィヒテでも人格性は見失われる（第三八節）。「全ての人格性は一つの暗い根底に基づいている」（第四七節）。

カントやフィヒテの観念論は、自然からの独立、自律に自由を見た。ここに観念論の功績と誤りの両方がある。独立で自ら運動すること、これはどうしても必要である。第三節で明らかになったように、そうした独立性は確かに自由の条件である。しかし、独立すべきなのは自然からではない。シェリングが求めるのは、むしろ「ぜんぶ」から解放された自由である。そして実は、自然はそのために必要な基盤になる。カントやフィヒテが「自然からの解放」を通して考えた自由は、シェリングからすれば、根無し草の自由にすぎないのである。

6 悪の可能性〔本論第一五―一九節へ〕

本論を少し覗いておこう。前章終わりに見たように、第一一節から第一五節までで提出された「実存と根底の区別」、これが『自由論』を動かすエンジンになる。それに続く第一六節から第二二節までが「自由の実質的な本質」を論じた部分で、それが第一九節までとそれ以降に二分され、それぞれが悪の可能性と現実性を扱っている。『自由論』で最もよく知られ、一番魅力的とされている部分である。

実存とは神そのもののことで、その実存の根底が「神の内なる自然」だった。しかし、神においてはこの両者は統一されていて分離できないが、人間はこれを引き裂くことができる。これが善と悪との可能性だった（第一五節末尾）。カントの考えを見た今、それを改めて考えると、ここには、単に心理的、道徳的な悪とは違った、哲学的な悪の概念が見出されていることが分かる。(11)

また、「神の内なる自然」としての根底が、「神自身の内において神自身でないもの」とされていること（第一四節）に改めて注意しよう。この区別によって、世界に生まれるわれわれ個別的な存在が神と全く同一なのではなくて、それとは区別される根底に由来するものと見なすことで、個物が神に対して独立性を持つと言えるからである。ここには、観念論が考えた自然からの独立ではなく、神からの独立にこそ自由の成立条件が見出されているのである。

もう一つ注意しよう。神において統一されている二つの原理が人間においては分裂しているというのではない、ということだ。そうでなく、人間は人間として、自然から生まれ、しかし自然以上に高まった存在である。それというのも、人間は神とは違った仕方で二つの原理を統一、結合しているからである。「こうした結合が人格性をなすのである」（第一六節）。この人格性がなければ、自由というものも成立しないのだ。ただ、人間は独自な仕方での統一である。そのため、神ないし体系という「全体の内に留まることのためにこそ自身の自由と生命を持っている」のに、「自分だけで在ろうとすることによって」、悪をなす。人間において二つの原理は分離しているのではなく、人格にまで高まった人間自身が「じぶん」であろうとして二つの原理を引き裂くのである。この点では、スピノザではなく、カント的な観念論の立場をシェリングは重視していることになる。

この後シェリングは従来の悪の概念を批判してゆくが、その最後に扱われるのは、名指しはないがカントの考えである（第一九節）。シェリングの整理では、この考えによれば、善は理性から、悪は感覚から来る。そして自由なのは理性に依拠することである。「こうした説からすれば、悪への自由はなく、より正確に言えば、悪は全く廃棄される」。

シェリングにとって、悪はそんなものではない。カント的な自由は理性の自由であって、リアルな人間の自由ではない。動物は確かに善行をしないかもしれないが、悪行もしない。[12] シェリングは同時代の思想家で、シェリングが唯一正当だと考える悪概念を提示しているバーダーを引用する。「人間は獣の下か、上かに位置するしかできない」。悪を行うのもまた人間だけなのである。だからこそ人間は、リアルな意味で自由なのだ、と。「善に対する熱狂があるのと同様に、悪の熱狂もある」。

7 叡智的所行——自由の底の底〔本論第二三―三二節へ〕

しかし、カントもなかなか一筋縄ではいかない哲学者である。確かにカントは、倫理学的な著作の中では悪の問題にそれほど注意を払ってはいないが、その後に書いた『単なる理性の限界内における宗教』（一七九三）では、真正面から悪の問題を取り上げているのである。

シェリングも、観念論的な自由の概念を序論で片付けてしまうのではなく、本論で再び論じている。第二二節までは「自由の実質的概念」が扱われていたが、それ以降では「自由の形式的概念」、つまり観念論の自由概念が取り上げられる。この部分は、カントの倫理学というよりも、宗教論との絡みで理解すべき箇所である。シェリング自身が、カントも後期には単なる道徳的判断とは違ったレベルで人間の行為の根底を考えるようになったと評価している（第二八節）。これは明らかにカントの宗教論を指したものだろう。これがいわゆる「根源悪」論という問題系を作り出している。しかしシェリングはフィヒテに対しては厳しく批判する[13]。カントの欠陥だけを拡大しているように見えたのだろう[14]。

この部分は、カントとの関係もあるし、シェリング自身も「こうした考え方は普通の思考様式にとっては捉えにくいかもしれない」（第二七節）と言う通り、実際難しい。説明するとなるとあれこれたくさん説明しなくてはならない[15]。しかし、ものすごく大雑把に言うと、カントも宗教論では道徳の水準を超えて、悪の「根源」を問題にしてはいるのだが、それでも人間の枠内で（理性の限界内で）考えているのに対して、シェリングは人間そのものの根源にまで遡って考えている。人間の根源はもう人間の枠内では考えられない。自由の実質的概念の箇所で見たように、シェリングは人間の自由、とりわけ悪の問題を人間の一方の根源である自然から説明しようとしていた。今度は自由の形式的概念を論じるこの箇所でもやはり、人間の自由の根源をどこまでも遡って、われわれが「自分」の本体だと考えている意識や、さらに自分の本質にも遡って考え、「この生以前の行いであり生」（第二七節）を見出し、それを「叡智的所行」と呼んでいる[16]。

これはほとんど、禅の公案「父母未生以前」の我と同じくらい分かりにくいが、注意すべき点を指摘だけしておこう。人間あるいは精神を人間、精神以前に遡って考える、これがシェリングの考えの特徴だった[17]。それを別な風に言えば、ここで論じられている自由や悪を、体系全体との連関で捉えようとしているのだということになる。自由の実質的概念が「実存と根底」という原理から説明されたように、この「生まれる前の生」についても何らかの体系的原理から説明されねばならないだろう。だが、問題が残った方が面白いかもしれない。これは宿題にしておこう[18]。

第九章　悪のリアリティと体系

1　二元論と流出説〔第九節〕

第五節までで体系と自由の両立可能性が得られた。しかし、それはまだ可能性にすぎない。自由の内実が問われないまま、体系というものが自由一般を許容するという消極的な議論だった。しかし序論後半では、実在的な自由の中身が問われる。第八節終わり、シェリングは「実在的で生きた〔自由の〕概念は、善と悪との能力だ」と言う。しかし、そう言ったとたん、体系と自由の問題はいよいよ抜き差しならないものとなる。体系と自由一般を両立させるだけでも一苦労だったのに、体系と悪の両立が可能だろうか。第九節冒頭に確認されるように、「これが自由に関する全教説の最も深い難点である」。そのためシェリングは第九節で、諸々の体系を、実在的な悪と整合するかどうかという観点から考察する。取り上げられるのは、内在の立場、二元論、流出説の三種の体系である。

二元論の立場は、対立する（ように見える）二つのものを別々のものだと見なすわけだから、ある意味では最も分かりやすい。体系と自由、心と体、善と悪、というように。だが、これを認めてしまえば、そもそも『自由論』の探究自体が無意味になるから、当然二元論は退けられる。二元論は体系の名に値しないのである。この説は、説明できないものを「悪」と呼んでいるだけだからである。体系である以上、一見不可解に見えるような悪を説明できなければならない。

歴史をたどれば、古代にはマニ教と呼ばれる教えがあり、これが典型的な二元論の例である。アウグスティヌスが一時これに属していたとして知られている。アウグスティヌスはここから抜け出し、幼い頃に母から教えられていたキリスト教に改宗するのである。しかし、ここでシェリング自身が念頭においていたのは、たぶんヤコービやシュレーゲルの場合だろう。ヤコービやシュレーゲルは、マニ教に代表されるような、いわゆる善悪二元論を主張しているわけではないが、シェリングからすれば、二元論的であることに変わりはない。『自由論』全体が彼らへの反論である。

二元論がダメだとすると、対立する二つのものを、一方から他方へと連続させる立場が考えられる。こうすれば、悪も一応は説明できる。歴史的には新プラトン主義のプロティノスに見られる流出説がそれである。プロティノスは「一者」と呼ばれる絶対的な存在を置き、ここから世界が流れ出るというイメージを語っている。最初はただ一つのものである。だから、この考えは統一的な観点から世界全体の構造を説明しようとした、つまり体系らしい体系を構築しようとした代表的な例（古代での）だと言える。一者は善そのものであるとされ、泉とも光源とも喩えられる。この源から溢れ出たものが、最初の力を次第に失って、徐々に闇に沈んでいく。その果てに悪が現れてくるとするのが流出説である。だがこれは、シェリングからすれば、悪の実在性を積極的に示していないとして退けられる。シェリングは本論部の注（第一七節）で、アウグスティヌスの名前を挙げ、悪を単なる欠如とする考えを批判しているが、この「悪＝欠如」説は元々は、アウグスティヌスがプロティノスから借りてきた（『エネアデス』I. 8, II. 2. 5）ものなのである。(1) (2)

残るのは内在の立場である。シェリング自身の立場もこれになる。そのためこの立場はさらにいくつかの立場に分類され、詳細に検討される。

2　内在説の種々〔第九節〕

内在の立場は神の協力説、悪の相対化の説、無差別の自由説に分けられる。「神の協力」という考え方の起源は古く、伝統的な神学を経て、近世でもライプニッツに至るまで脈々と受け継がれている。この考えによれば、神は創造した後も世界を放置しているのではなく、常に世界に関与している。そうでなければ世界の秩序が保てないと考えるのである。しかし、だとすれば悪い出来事や行為にも神が関わっていることになり、シェリングが指摘するように、「神が悪の共犯者」になってしまう。しかし逆に、それを拒否しようとすれば、悪の実在性を否定することになって、ここに自由の実も失われることになる。

第二の主張、悪を相対化する説は「我々が悪と呼ぶものは、完全性のより小さな度合いにすぎず、しかも単に我々の比較にとって欠如として現われるだけで、自然の中には何の欠如もない」という考えである。これこそスピノザの本当の考えだとするシェリングの理解は正しい。例えば、『エチカ』第四部序文では「完全性、不完全性は、実は、単に思考の様式であり、我々が同種または同類の個体を相互に比較することで作り出しがちな概念にすぎない」とされ、同じ論点から善悪も説明されている。スピノザでは悪とはわれわれが行う「比較」の操作の結果で、しかもこれはスピノザにとって誤謬である(3)。だから、悪は単なる認識上の誤りにすぎないとしてその実在性は全く認められない。

第三の「無差別の自由」説は、積極的なものを善悪への無差別としての自由に求める。善であれ悪であれ無差別にどちらも選べる自由。シェリングは言及していないが、歴史的にはデカルトの説がこれに当たるだろう。人間は確かに知性においては有限で、神の無限な知性とは比べることもできないくらいの力しか持たないが、意志においては神に匹敵するような無限性を持つとするのである。(4) しかしシェリングの考えでは、無差別であるのなら、とりわけ悪が問題になることはない。悪のリアリティが捉えられないのである。逆に、この無差別を「善と悪とへの積極的な生き生きとした能力として考えるなら、純粋な善意と考えられる神から、いかにして悪への能力が出てこられるのかが理解できない」。だから、そこから二元論の誘惑に陥る者も出てくる、とシェリングは言う。

第二四節で指摘されるように、無差別的、恣意的な自由といったものを認めてしまうと、結局は全くの偶然を導入することになってしまう。そのため、体系における必然性を重視するスピノザやライプニッツは、それぞれの立場からこうした恣意、無差別の自由を批判しており、シェリングもこの点では必然性の立場に立つ。「偶然は不可能である。理性にもまた全体の必然的統一にも矛盾する」からである。しかし、シェリング自身の立場は、自由と必然を統合したより高い立場である（第二五節）。

3　唯一正しい二元論——体系の《構築》〔本論第一一—一五節へ〕

その「自由の体系」に触れる前に、ここでシェリングがやっていることを確認しておこう。一言で言えば、それは概念の構成による体系の《構築》である。

まず、以上、合計五つの立場が登場して、ごちゃごちゃしているように見えるが、これらを簡単にまとめる方法がある。まず、流出説は体系全体と悪とを連続的に考える点で内在説と共通する。流出説も一種の汎神論、内在の立場だと見られることがある。つまり、実際の選択肢は二元論か内在説かの二種類になるということである。

次に、シェリングのここでやりたかったこと、それは(A)悪の実在性を取り出すことと、(B)それを全体的統一としての体系との関連において捉えることだった。だから体系的立場を判定する基準は二つある。(B)の基準（まともな体系であるか）から、二元論がまず却下されることになる。序論前半での、自由と体系との連関を巡る議論の中で示されたように、可能なのは内在の立場しかない。一方、(A)（悪の実在性が打ち出せるか）を基準とすれば、他の四つが却下されることになる。悪の実在性を捉えるためには何らかの二元論的な要素がどうしても必要になる、ということである。

実際シェリングは本論に入ると、この二点を踏まえ、いよいよ自分の体系的立場を打ち出す。つまり自分自身の体系の《構築》である。体系を《構築》する、組み立てるための《素材》は既に登場していた。観念論と実在論である。だから、「自由の体系」は、上の二点を踏まえて観念論と実在論を独自の《ロゴス》で接続することによって成立する。

本論で二元性を担うのが「実存と根底」の区別である（第一二節）。だが、実存とは神そのもののことで、根底というのは「実存の根底」、別な言い方では「神の内なる自然」である。さらに言えば、根底は「神自身の内において神自身でないもの、すなわち神の実存の根底であるもの」（第一四節）だった。つまり、実存と根底は区別され、「人間においては引き裂かれ得る」ものとされるとともに、「神の内なる」という形で内的な関係にある一繋がりのものとして、「神においては統一されている」と理解されるのである。自由の余地を確保するために両者が区別される点では二元論的であるが、必然的に繋がるものとして捉えられているという点では内在論的である。だからシェリングは「これこそ唯一正しい二元論、すなわち同時にある種の統一をも認める二元論である」と言い、同時に、これが普通の二元論とは全然違うものだと確認するわけである（第一四節注一）。ここには二元論と内在論との融合がある。だがこれを成し遂げる《素材》となっているのが実在論と観念論である。

実際、実存と根底はそれぞれ、観念的なものと実在的なものとされる。そして両者の統一のあり方が「創造的統一」である。「創造的」であるのは、自由を生み出すからである。既に前章終わりで見たように、この実存と根底の区別から自由が導き出される。そして、これによって実在的な悪が登場することになる。こうして、体系によって自由の必然性が説明され、同時にそこに悪のリアリティが見出されるわけである。つまりこれこそがシェリングの目指す、必然性と自由を統一できるような、より高い立場、自由の体系なのである。このことが確認されるのが序論最後の第一〇節になる。

4　悪を巡るアウグスティヌスとの対話（本論第一六―二二節へ）

だがその前に、この体系が提示する悪の概念、自由のリアリティの核心を少しだけ見ておこう。シェリングは悪の可能性を提示した後、アウグスティヌス、ライプニッツ(5)の悪の概念を取り上げ、彼らの考えでは悪が「単なる欠如」になってしまうと批判する（第一七節）。そこでシェリング研究者たちもアウグスティヌスでは悪のリアリティが捉えられていないとだけ言いたがる[6]。しかし、そんなことを聞けば、アウグスティヌス研究者は引っくりかえるだろう。実際、アウグスティヌスほど悪をリアルに捉えた人はいない。では、シェリングは単にごり押しのアウグスティヌス批判をしているのだろうか。そうではない。私の理解では、シェリングとアウグスティヌスでは、悪のリアリティの質、どこで悪が成立するのかの場面が違うのである[7]。

アウグスティヌスは確かに悪は欠如だとは言う。しかし、ポイントはそこにはない。アウグスティヌスにとって悪は極めてリアルで、彼は若い頃からそれに苦しんでいた。その果てに彼が見出したのは、悪が何かの実体的存在で、それが外から来ると考える（これがマニ教の二元論の立場）ことの愚かさである。悪は存在ではなく、われわれが被るものではなく、むしろわれわれのなす行為である。他の誰でもなく、われわれ自身のなすことなのである。他の誰でもなく？　そう、われわれは神によって創造されたが、神が悪をなすのではない。われわれが自由な意志を持つからこそ悪をなす（『自由意志論』）。では、なぜ神はわれわれに悪をもなしうる自由を与えたのか。それは、もし自由がなければ悪も犯せないが、善を行うこともできないからだ。また、神は確かに人間を創ったが、無から創造した。だから、人間は神のように純粋な存在ではなく、自らの内に無を抱え込んだのだ、この無こそ自由の根底なのだとアウグスティヌスは言う。だから、神へ善へと向かうべきなのに、神に背き、反対の無の底へと落ちようとする。これが悪である。

シェリングも、悪は存在だなどとは言わない。それでは二元論になってしまう。悪そのものは非存在である（第四五節）。アウグスティヌスと違うのは、悪をなす自由の根底が無ではなく神自身の根底、「神の内なる自然」という実在的なものであることだ。アウグスティヌスの場合、悪はこの上なくリアルだが、それは人間の心の内面においてであって、その根底は無である。それに対してシェリングの場合、悪の根底は「自然の含む最高度に積極的なもの」（第一七節）にある。だから、悪の積極性は「自然の独立な根底の内に自由の根が認められないなら」説明不可能だ（第一八節）と言うのである。アウグスティヌスにおいては悪は人間だけに関わり、世界においてはリアルではないのに対して、シェリングにおいては、悪は人間を通してこの世界そのものにとってリアルなものとなる。そのことは、シェリングが「悪の現実性」を論じる次の場面でいよいよ明らかになる。

悪が生じるのは二つの原理を人間が自由に引き裂くからだが、二原理が真に統一されたもの、それをシェリングは「愛」と呼ぶ。悪が本当の意味でリアルになるのは、愛との対立においてである。これが悪の現実性である（第二〇節）。この段階になると、場面は自然の段階から歴史の段階へと移行する。シェリングが自然哲学で論じていたように、自然も発展の段階を持つ。だが、本当の意味で歴史が成立するのは、人間が登場してこそである。自然に生きる動物なら、全体の中から逸れることはなく、どこまでも自然に留まれる。しかし人間は自然から生まれ、そこで生命を得ながら、しかし、「生そのものの不安が人間を中心から追い立てる」(8)（第二二節）。アウグスティヌス『神の国』からカント『宗教論』に至るまで、悪の根源を人間が心の中に持つ自己愛に見出す考えが一般的だとすれば、シェリングはそれとは全く異なった種類の悪を見出している(9)。そうして人間は自然を超出し、歴史を生み出す。シェリングにおいては、悪は単に人間の心の問題ではなく、むしろ人間を通して世界に噴出する。それが歴史となるのである。

デカルト的な二元論の延長で、われわれもまだ精神—人間—歴史と、物質—自然とを分けている。しかしシェリングは、自然そのものをも観念性と実在性の統一と分裂によって「発展する」ものとして理解し、精神、人間、歴史もまた、自然より高い段階にあるとは見ながら、自然に基礎を持つものだと考える[10]。人間的なものを自然から説明する。これは一見すると奇妙に見えるが、これこそがシェリングの真骨頂である。

5 弁神論を巡るライプニッツとの対話〔本論第三三—四一節へ〕

実存と根底による内的な二元論が体系の一端であることは間違いない。しかし、これだけでは本当の体系的統一にならない。改めて悪を取り入れた体系を示す必要がある。

キリスト教ではこの問題をずっと考えてきた[11]。神が世界を創造したのだから、世界の中にある悪も神が生み出したことになってしまいそうだからだ。逆に、神は善であり正義だと言い張ろうとすると、悪はないと言わなければならない。でも実際には悪はあるとしか思えない。だとすれば、どうやって神を弁護すればいいのだろうか。こうした議論を「弁神論」と命名したのがライプニッツである。悪の概念に関わって、また弁神論に関わって、シェリングはライプニッツの『弁神論』[12]（一七一〇）を頻繁に参照している。「弁神論（Théodicée）」とは、「神」という意味のギリシャ語「テオス」と「正義」という意味の「ディケー」を合成した造語、直訳すると「神の正義」、だから「神義論」とも訳される。ライプニッツは非常にエレガントな形でそれに哲学的、合理的な根拠を与えたのである。だがそれだけに、宗教の側からはしばしば批判されてきた。そもそも人間が神の責任を問う／弁護するなどおこがましい、というわけである。

シェリングもこれに相当する議論を展開している（第三三―四一節）が、われわれはこれを宗教の問題として扱うのではなく、哲学の観点から読もう。シェリングはこの問題を、「この研究全体の最高の問題」とまで言っているが、そうであるのも、この問題が『自由論』の主題である体系と自由の連関に関する哲学的問題だからである。

ライプニッツが神の「正義」と呼ぶのは、悪を含んだ世界全体の秩序のことだ。しかもそれは「神の」正義であって、つまり統一的な観点からの説明である。その意味で「神の正義」は一種の体系、悪との関係で見た場合の体系だと考えられる。しかし、『自由論』には「神の正義」という表現はない。では、『自由論』でそれに相当するものは何だろうか。それが人格的な「愛」である。いきなりに思えるかもしれないが、概念とイメージの区別（第二章3）、概念の操作（第七章5）を思い出そう。現代、「愛」と言ってイメージされるのは恋愛をはじめとする人間の愛だろうし、その中身も感情、気持ちだろうが、この捉え方は歴史的にはかなり新しい。そうしたイメージを取り除き、ここでの焦点、悪との関係で見た体系、悪を含んで全体を統一するものは何かを考える時、悪を裁き正す正義と悪を包み込み統一する愛は、昔からよく対比されてきた選択肢になるのである。

ライプニッツの場合、神は世界創造に先立って、あらかじめ計画を立てる。その中には悪も含まれるが、それも全体として正義が実現されるためだとライプニッツは言う（予定調和説）。とりたてて悪を問題とするのは、人間の都合にすぎない。この意味でライプニッツ弁神論は「非人間中心主義」的である。[13]神は神として悪に超然として正義であり得る。しかし『自由論』では、悪が生じる根底が「神の内なる自然」だったから、余計に神が悪の責任者であるように見える。既に見たように、根底と神自身とは区別されていたから、神に責任はないとも言えるが、人間の自由を通して結果として悪は生じる。しかもシェリングにおいてその悪は極限にまで高められたリアルなものである。根底という実在的な原理から生まれながら、観念的な原理と結合することで人格にまで高まった人間の自由によって引き起こされるものだったからだ。だからライプニッツにおいて悪は神と直接対峙するものではないが、シェリングでは悪が神に対抗する他者となっているのである。[14]だからこそ、あらかじめ設定された正義ではなく、悪に対して神が人格となり、対立を統一へと導く愛が現れねばならなかった。この愛こそが「最高のもの」（第四一節）、「一切中の一切」（第四三節）である。この意味で、人格的愛こそが全体性と統一性を備えた自由の体系の本体であり、生成のロゴスそのものなのである。

この点で確かにシェリングは、伝統的なキリスト教と同様、いやそれ以上に神の人格性を強調している。しかしそれは、「神が、その中の観念的原理と（この原理との関係から言えば）独立である根底との結合によって、最高の人格である」からである（第三四節）。つまり、シェリングの神は、例えば伝統的なキリスト教の神やライプニッツの神とは違って、初めから人格を持っているのではなく、人格へと生成する。そもそも、初めから人格であるのなら、悪が生じるのを黙って見ていたことになってしまうからだ。しかし、悪が生じてから慌てて愛として登場するような神が神と言えるだろうか?

なぜ初めから人格ではなく、人格に成ることが必要なのか。シェリングはそれに対して、神もまた「一つの生命」だからだ（第三七節）と言う。神も生命だからこそ、変転し受苦する（第四一節）。逆に、悪と対立し、それを克服することがなければ、生命もありえないのだと。「戦いのないところ、生命はない」[15]（第三七節）。

「神の知性の内には一つの体系がある。しかし神そのものはいかなる体系でもなく、一つの生命である」（同（cf. VII, 25））。ここではもはや体系が捨てられていると見えるかもしれない。だが、ここで目指されているのがあくまで「体系」だと言うとすれば、それはもはや単なる体系ではなく、むしろ生きた自由を含んだ生命そのものだというのがここでシェリングの言いたかったことではないだろうか。『自由論』の主題はもちろん「自由」である。だが、それは単なる自由ではなくリアルな自由だった。それをシェリングは「実在的な生きた」（第八節）自由だと言う。彼が求めた自由のリアリティとは、生きたものが持つ手応え（Lebendigkeit）だったと考えられるのではないかと思う。だが、単に生きているというのではなく、真に生き生きとするには、他者があり対立が生じる必要がある。だから神すらも「人間のように苦しみを受ける」（第四一節）のである。[16]

第一〇章　解決への道

1　解決の方途〔第一〇節〕

第九節に至って悪の問題が登場させられることで先鋭化されることになった体系と自由の連関。この問題の解決の行方を、改めて示すのが第一〇節である。

「こう考えると、この難点の重荷全てを一つの体系だけに負わせるのは不当に思える。特に、それと対立する、自称より高次の体系でも十分に成功していないのだから」。

「一つの体系」とは、スピノザ主義のことだろうし、「自称より高次の体系」とは、カントからフィヒテによって発展させられた観念論のことだろう。シェリングは、ヤコービが「唯一の理性体系としてのスピノザ主義」に問題を集約させ、観念論もスピノザ主義と同じだとしていたのに反対し、両者をはっきりと区別しながら、しかし、このどちらでも単独では問題の解決に至らないとする。加えて、「神は単なる道徳的世界秩序以上の実在的なあるものであり、抽象的な観念論者の貧弱な煩雑さが神に帰するのとは全く違った、より生き生きとした運動力を自らの内に持っている」と主張する。観念論哲学は（そして宗教も）「どういう形であれ実在的なものに触れれば精神的なものを不純にすると考える、実在的なもの全体に対する嫌悪」を基盤にしているとシェリングは批判する。これでは「当然、悪の根源に対する眼をも盲目にしてしまわざるを得ない」。逆にシェリングは、神を生きたものとし、悪の根源を見つめるためには、神の概念にも実在的なものを導入しなければならないと考える。それがベーメに触発された、「神における自然」としての根底という概念である。これこそ正統派の神概念とは全く異なった『自由論』独自のものであるし、新たな一歩を目指した『哲学と宗教』でもシェリング自身が踏み切れなかった点だった。こうした道は第七節で既に、「実在論と観念論の相互浸透」と表現されていた。ここで実在論と呼ばれているのがスピノザ主義に相当し、観念論とはカントからフィヒテに至って発展させられたものに相当すると考えられよう。その意味では、「実在論と観念論の相互浸透」とは、スピノザ主義と観念論哲学のより高次の統合を意味することになる。

しかしシェリングの実在―観念論については、いくつか注目すべき点がある。一つはシェリング自身の思索の歩みとの関連、もう一つには思想史的な文脈、さらには『自由論』でのシェリングの新しいスタンスに関してである。

2　自我哲学とフィヒテ

シェリング自身の歩みとの関連で言うと、実在―観念論の思想は、本人が言うように、彼の最初期にも見出される。われわれは、『自由論』とそれに先立つ自然哲学、同一哲学との繋がりを見てきたが、初期の実在―観念論と『自由論』のそれとの関係では、両者の相違を取り出さねばならない(1)。

実在論と観念論の融合という思想は、既に一七九五年の『哲学の原理としての自我について』(以下『自我論』)に見られる。シェリングは自我の自由な因果性と客体的な物の因果性がそれぞれに絶対性を主張したとすれば両立不可能になると指摘し、「たとえ予定調和などというものを持ち出したにしても、自然因果性が自由による因果性とどのようにして合致するかは決して理解できないであろう」(I, 239

（一〇六頁）と言う。[2] ここでシェリングがライプニッツの予定調和に批判的に言及するのは、それが外的な接合にすぎないと見なすからである。逆にシェリングが求めるのは内在的な接合である。それも一種の予定調和の原理ではあるが、「ただこの原理はあくまでも内在的であって、絶対的自我においてのみ規定されたものである」（I. 240（同頁））。

『自我論』はタイトルからしてフィヒテの匂いを感じさせる。実際これはフィヒテの出世作『全知識学の基礎』[3]（一七九四）第一部に触発されたものである。ただ、シェリングはそれをきちんと読んでいないし、フィヒテからのずれ（シェリングの独自性）は既に十分に見える。例えばライプニッツの利用もそうであるし、次に見るスピノザの利用もそうである。しかし、自然哲学がまだ決定的に欠けている。そのため、対立する「二つを統一という一なる原理において把握」（I. 241（一〇八頁））する際、その原理はフィヒテと同じく自我に見出されることになった。

さらにシェリングはここから「まさにこのような予定調和によって、今や、道徳と幸福とのあいだの必然的調和もまた把握される」（I. 240（一〇七頁））と言う。彼の関心が単なる理論的なものではなく、実践的なものだったことが伺える。カントは、善を行うべきだが、そう行為したとしても幸福になれるかどうか分からないと考える。幸福は期待に留まるのであり、実践理性の管轄外、つまりは宗教の領域に置かれる。カントはこうして、道徳と幸福の一致を実践哲学内部で基礎づけなかったが、シェリングはカント的理性を超えた絶対的自我を起点として、カント的節度を踏み越え、「道徳的進歩」（同所）による、人類の到達すべき理念を見ていたのである。『自我論』の序文には「人類が再び集まり、一つの完全な人格として自由という同じ原則に従うだろうという偉大なる思想」への「熱狂」（I, 158f.（一一頁以下））が語られている。若き神学徒だったヘーゲル、ヘルダリン、シェリングがフランス革命に熱狂してファイアーストームを行ったというエピソード、彼らの熱気を反映した「ドイツ観念論最古の体系計画」[4]についてここで長々と語る必要はないだろうが、ここにある政治的な理想と哲学的な理想との統一への、気恥ずかしいほど清新な欲求は、『自由論』には既に見られない。『自由論』が問題とするのは、類としての「人類の解放」（I, 157（一〇頁））ではなく、個別的な人間の、悪をもなしうる自由なのであり、その基盤として見出されるのが自然哲学だった。

3　自我哲学とスピノザ

『自我論』とフィヒテとの違いは、シェリングのスピノザ主義利用に最も明らかである。だが、フィヒテからすればそれは既に独断論へと落ち込む一歩に見えるであろうし[5]、スピノザとも全く違っている。シェリングがスピノザ哲学に見出したのは、積極的な理念と取り除かれるべき誤謬だった（I, 171-2（三〇頁））。「絶対的実体の理念」[6]。これが若きシェリングに勇気を与え、その後もスピノザ主義に拘らせた内実だろう。だが同時に、スピノザはそれを客体、非我に見出している。これが「誤謬」である。そのため、シェリング自身はフィヒテに従って、原理を自我に見出すことになる。

シェリングがここでスピノザに注目するのは、一言で言えば、実在性への希求によってである。「実在性という究極の一点が存在するのでなければならない」（I, 162（一七頁））。無論、「そうした究極的なものの存在とその認識の原理とは合致し、一つでなければならない」(I. 163(一八頁))のであり、この時点でのシェリングはその唯一のものは絶対自我でなければならないと考えていた。しかしそれは、単にフィヒテ的自我ではない。シェリングが絶対者として捉えようとするのは、スピノザの実体のように、それ自体で存在し、世界のリアリティを支えるものでなければならない。

しかし極めて興味深いことに、そうしたリアリティの希求は実はヤコービに発するものだった。「哲学は、ヤコービの表現を借りて言えば、現存在を解明し開示することである」(I. 156(九頁), cf. Jacobi-W. IV-1, S. 72)。「既に批判哲学以前に、そうした実体性の原概念を完全に純粋な形で考えたのが、スピノザであった」。あらゆる現存在、あらゆる生成の根底にある「純粋で不変な原存在」を認めていたからだ。だが「こうした無制約な、不変な、あらゆる存在の原形式は、自我においてしか考えられないことを、スピノザに示した人はいなかった」(I. 194(五九頁))。そのためにシェリングは、スピノザ的実体をフィヒテ的自我として読み替えていく。『自我論』にはその作業行程が明らかに見える。今は簡単に指摘するに留めるが(7)、「自我こそ、存在する一切のものの内在的原因である」は『エチカ』第一部定理一八、「自我は、単に存在の原因であるばかりではなく、存在する一切のものの本質の原因である」は同じく定理二五の換骨奪胎である。

こうしてシェリングは現存在の実在性の問題をヤコービから、その根底になる理念をスピノザから受け取り、しかしそれをフィヒテにならって自我と呼んだことになる(8)。

4　ニヒリズムを巡るヤコービとの対話

それから十数年、シェリングの前に広がっていた思想的光景は、大きくはまだ、一方にスピノザ的実在論、他方にフィヒテ的観念論だった。だが自然哲学、同一哲学を経た『自由論』では、〈スピノザとフィヒテ〉という構図の向こう側に突破しなければならなくなっている。一方、かつて汎神論論争を引き起こした張本人であるヤコービも新たな現象を敏感に捉えている。その一つの現れが、ヤコービの『フィヒテ書簡』である。「ニヒリズム」という語の初出とも言われるこの著作には「人間の拘束性と自由についての予備的命題」という小論が付されているが(9)、これは元来『スピノザ書簡』第二版（一七八九）に付されていたものである。『エチカ』第四、第五部とカントの第三アンチノミー（自由と必然性の二律背反）を想起させる表題は、ヤコービの関心の在り処を示すとともに、その関心がスピノザに対してもフィヒテに対しても当てはまるものだったことを示している。このことは二重の意味を持つ。すなわち、ヤコービが〈スピノザとフィヒテ〉という新しい思想の構図を描いていたこと、しかし、ヤコービの関心そのものはフィヒテの登場によっても変化していないことである。実際ヤコービは『フィヒテ書簡』で、スピノザを批判したのと同じ論法をフィヒテにも投げかけている。彼にとってフィヒテ哲学は「逆転したスピノザ主義」（Jacobi-W. III, 12）であって、スピノザ主義とフィヒテ哲学は、たとえ方向が逆だったとしても、同じ位相にあるものだからである。

ヤコービにとってフィヒテ哲学は「自我の他に何もない」とするニヒリズム、スピノザは「実体の他には何もない」とするニヒリズムである。両者ともに「論証」によって全てを蔽い尽くそうとしているのであり、残るものは何もない。全てが「メカニズム」に覆われ、神的なものの反映としての人間の自由は見出されない。そしてそれはシェリングにも向けられ、実に『自由論』以後でも、ヤコービは同じ論法でシェリングを論難する。

「自然は神を隠す、なぜなら自然は至る所宿命だけを、初めも終わりもない純粋な作用原因の途切れることのない連鎖だけを示し、同じ必然性によって摂理と偶然を排除するからである」(Jacobi-W. III, 425)(10)。それに対してゲーテは言う。「ヤコービの『神的事物について』で気分が悪くなった。心から愛した友の本をいかに歓迎しようと、その中に次のテーゼが展開されているのを見ざるを得なかったのだ。自然は神を隠す、と。純粋で深い、生来の手慣れた私の直観の仕方は、神を自然の中に、自然を神の中に見ることを確かに教えてくれた……」(Goethe-A. X, 511)(11)。既に見たように、シェリングは「自然」をヤコービの言うような機械的連鎖に解消しない。この点、シェリングは明らかにゲーテに与することになるだろうが、『自由論』では既にその段階を超え、自然が人間的自由の基底となる。だがヤコービにはそのことが理解できない。

こうしたヤコービの無理解は、しかし、彼の関心の一貫性を示している。ヤコービはスピノザとフィヒテという新たな構図を捉えながら、それを旧来の図式に解消し、新しい構図の意味を見失わせる。ヤコービにとって、スピノザかフィヒテかではなく、スピノザ＝カント＝フィヒテ＝シェリングかヤコービか、知か信か、体系か自由か、なのである。

シェリングはヤコービ対スピノザという図式を認めない。それは学の段階を旧に復させるものでしかないからである。それはもう過去のものでなければならない（第六節）。シェリングが自由と体系を両立不可能とする見解を「古くからの、しかし、決して消え去らなかった言い方」（第一節）と表現するのは、それがまさしく古典的な捉え方であり、しかも、いつまでもヤコービによって主張し続けられたものだったからである。ヤコービの図式に乗ってしまうと、信仰・感情という名の非知に扉を開くことになる。自由も不可解な妖怪になる。だからこそ『自由論』にヤコービは登場してはならなかったのであり、図式はあくまで〈スピノザ対フィヒテ〉でなければならなかった。

しかし、ヤコービとシェリングには共通点もある。人間的自由の意味、『自由論』の主題であるものを確保するために、シェリングはスピノザとフィヒテを超えていこうとする。ヤコービが人間的自由を守るために、スピノザとフィヒテを否定しようとしたように。この人間的自由のリアルな意味、それの喪失を「ニヒリズム」と一般に呼べるとすれば、ヤコービにとってそうだったように、シェリングの中心主題も「ニヒリズム」の克服である。そしてそれは『自我論』におけるリアリティへの希求以来のものだった。ただし、ヤコービが学知から逃避し、スピノザの言う「無知の避難所」に逃げ込もうとしたのに対して、シェリングは学知そのものによってそれを超えていこうとする。自由は概念であり、それは体系の内で成立する。『自我論』以降の思索の積み重ねによって期は熟した。しかし、シェリングにとってヤコービは、そこに居てはならないにもかかわらず、同時に無視することのできない存在であり続けている。『自由論』はヤコービとの、沈黙もしくは不在における対話であった。

5 「生き生きとした基盤」

しかし、スピノザ主義＝実在論とフィヒテ哲学＝観念論の融合という枠組を詳しく見れば、ここには留保すべき点があることが分かる。「観念論は哲学の魂である。実在論はその肉体である」（第一〇節）というだけでは、図式として極めて単純なものに見える。これがスピノザ主義とフィヒテ哲学を念頭に置いた、実在論＝自然と観念論＝精神の対立の克服であるとすれば分かりやすい。そして、自然こそリアリティの「生きた基礎」であるとすれば、なおさら図式はすっきりする。しかし、自然と精神の対立なら、シェリング自身が序文で自認するところでは、既に解決済みだった。『自由論』が目指す「実在論と観念論の融合」は、自然と精神、実在論と観念論の単なる融合ではない。観念論も実在論も単独では生きた基盤とならず、「両者を合わせてはじめて一つの生きた全体を形成す」。これは二段階になっている。まず、(A)第一段階の融合によって登場した「生き生きとした実在論」がシェリングの自然哲学である。そして、(B)観念論と実在論の統合である自然哲学＝高次の実在論が、また高次の観念論と融合しなければならない。二つの立場の融合は単なる結合ではなく、複合的なものであり、「創造的統一」でなければならないのである。

なぜこんなややこしいことを？　元々の問題は、自由は(1)何かからの解放であるはずなのに（第一の条件、第三節）、(2)それが個別的なもので、根を持たねばならない（第二の条件、第四節）ということだった。(1)を満たすのが観念論、(2)を満たすのが実在論である。しかし、そのためには、実在論が観念論化されて自然が生きたものとなり、高次の実在論（自然哲学）が成立しなければならなかったし（A）、観念論の自由も実在的であるためには根拠を持ち、体系に繋がる必要があった（B）。そうであってこそ、生きたものとなった自然が再び観念的な原理と結合することによって自然を超え、神と対峙する地点にまで自由を高めるのである。実在論と観念論の融合が二段階なのは、自由がこうした二面性を持つからである。

同時に、ヤコービとの関係を考えても、その必然性が理解できる。見てきたように、ヤコービはスピノザからシェリングに至る哲学＝体系を内部とし、信仰、感情、自由を外部に置く。しかしシェリングはそれを認められない。そこでスピノザに代表される実在論とフィヒテに代表される観念論を対置し、スピノザ主義を観念論化して高次の実在論を構築し、それを基礎とすることで観念論に実在的な基盤を与える。これは、実在論にとっての外部＝観念論を実在論内部に組み込み、観念論にとっての外部＝実在論を観念論内部に組み込むことによって、内部と外部を常に反転させつつ、一つの全体＝体系を構築しようとすることである。この反転の運動そのものが本論となる。実在的原理としての「神の内なる自然」が観念論的原理と転倒した形で結合され高められることで人間の自由が成立し、自由な人間が悪を生み、一方では両原理の真の統一として愛が悪という他者性を包み込むために人格として生成する。こうして最後には、外部／内部という分割ではなく、外部性を孕んだ他者を人格の生成へと内在化することで、自由を含んだ真の全体的体系が成立するのである。一面的であるにすぎないスピノザやフィヒテでは人格性が捉えられない。「あらゆる人格性を不可能にする抽象的な諸体系を理性に適った唯一の体系とみなす」なら、人格性が説明できなくなって当然だとシェリングは言う（第四六節）。諸体系とはスピノザとフィヒテの哲学であろうし、それらを唯一の理性体系と見たのはヤコービである。シェリングは、人格性を強調しながらそれを理解不可能なものとして体系を否定するヤコービの立場を退け、この自由の体系こそが人格性を説明できるのだと言うのである。

6　無底、あるいは愛と時間性〔本論第四二―四六節へ〕

人格的な愛によって悪は統一され、ここに体系が成立する。しかし、『自由論』の体系は、ライプニッツの「正義」のように、あらかじめ出来上がったものではない。それはむしろ生成する体系であり、体系の生成そのものが決定的に重要である。ここに見られる全体的統一は単なる同一性ではなく、また単なる差異や分裂でもなく、差異を内在させた「創造的統一」（第五節）の運動、生成である。

そうした差異を表現したものが「実存と根底の区別」だった。逆に、統一の極として最後に登場するのが「無底」[12]である。無底は無差別としての側面と、愛としての側面の二面を持つ。つまり、『自由論』全体の運動は、「無差異（無底）」から「実存と根底の区別」が生じ、ここから悪が生まれることで二元性が対立へと高まり、そこに無底が「愛」として生じることによって悪を克服し統一するというプロセスを描くわけである[13]。だが、無差別と愛という二つの側面が、なぜともに「無底」と呼ばれるのか。また、無差異であるものがなぜわざわざ二つに分かれ、差異を生み出すのか。確かに「無底」の概念は難解だが、ポイントだけは見ておこう[14]。

「ここで我々は、とうとう研究全体の最高点に至る」。「無底」を登場させる先触れ、第四二節はこう切り出されている。そして、実存と根底の区別の意味は何か、またそれが二元論に至るのではないか、といった問題が提起される。「無底」は、こうした問題への解答として提示されているのである。無底とは何かと問うことは重要だが、直接それを問うと袋小路に入る可能性がある[15]。無底は問いを引き起こすのではなく、答えを与えるために導入されているのである。だとすれば、これらの問題が生じている、「ここで我々は……」の「ここ」がどこかなのかが分かれば、なぜ無底が登場しなければならなかったかも分かるはずである。「ここ」とは次のような場所である（第四一節）。

「愛は、根底と実存するものが（分離されて）存在する以前に既に存在していたものなのだが、しかしまだ愛としてではなく、むしろ――我々はそれを何と呼べばいいのか？」

無底は無差別と愛という二つの側面を持つように見える。しかし、無底の本質をあくまで愛だとして見ればどうだろうか。そうすれば、全体の運動は「まだ愛としてではなく」あった無底、つまり無差異から、本来の愛として現れる無底への生成として捉えられる。『自由論』の最も中心的な部分はここである。「無底が等しく永遠な二つの始源に自らを分かつのは、それによって、無底としての無底の中では同時にあることも、一つであることもできなかった二つのものが愛によって一つとなるため、それによって生と愛とが存在し、人格的な実存が存在するために他ならない」（第四四節）。

その理由としてシェリングが挙げるのが、「愛の秘儀」、すなわち愛こそが「他者なしには存在せず、存在し得ないようなものを結合する」からということである。無底とはつまりは愛であり、無差異としであった無底が二つに分かれるのも、そこから悪＝他者が登場し、それに対抗する愛が登場するためであったと。しかし、たとえそうだとしても、ここにはどうしても説明不可能な一点が残る。最初から愛があり、愛が「最高のもの」であり、「一切中の一切」であり、「全てを貫く」にもかかわらず、実際には愛は、対立が生じ悪が登場してから、それに遅れて、事後的に登場するにすぎない[16]。それ以前には、「まだ愛としてではなく」あったにすぎないのである。「我々はそれを何と呼べばいいのか？」その答えが無底である。「まだ愛としてではなく」あった無底から愛である無底へ、無底とはこうしたいわば不可逆な愛の生成の時間性を凝縮させた概念なのである。無底の概念が難解なのは、これが、論理で捉えるのが極めて難しい「時間」、あるいは「歴史」をたたえた深淵だからである。

「人間的に苦しむ神という概念なしには歴史全体が不可解なままになる」（第四一節）。

7　体系の完結――自然・自由・歴史

ハイデガーは『自由論』が西洋哲学の最も深い作だと言うが、われわれは、決して馴染み深いものではないドイツ語で書かれ、翻訳したとしても必ずしも親しみ深い言葉に落ち着かないものを読んで、何を理解したと言うのだろう。だが私は、むしろそうであるからこそ、と思う。われわれは気づいた時には既にこの世界に生きており、世界は普段、それに気づかないほどわれわれに親しい。だが、本当にそうなのだろうか。世界は実は不可解なものに満ち、時にわれわれを拒む。だが、そうであるからこそわれわれは、それを理解したいと思う。哲学とは、そうした世界をわれわれのものとする、あるいは、われわれの分かる言葉に翻訳することである。その意味でわれわれが『自由論』を読む場合、それはドイツ語圏の人々より実は優位にあるとも言える。彼らは『自由論』を翻訳できないが、われわれはそれを自分たちの言葉に翻訳でき、それだけで既に何歩か哲学に深く入り込むことができるからだ[17]。

しかし、なぜ時に世界はわれわれを拒むかに見えるのだろうか。『自由論』が語るその理由は、われわれが自らの根底を見失うから、である。われわれだけではない。シェリングの考えでは神ですら、自らがどこから生まれ、その本質が何であったかを、後になって、歴史が展開してから知るのである。実際われわれは、自分がなぜどのように何のために生まれたのかを知らない。だから根底である自然は「暗闇」であり、「割り切れない剰余」なのである。それゆえにまた、自然全体、全ての生命には「憂鬱の影」、「深く不壊のメランコリー」がつきまとう（第三七節）。われわれはそれなのに、あるいはそれゆえに、自らの根源を忘却し、隠蔽してきたし[18]、今なおそうし続けている。「我々は何者であり、いかなる生のために生まれたのか。いかなる秩序が与えられているのか」。ペルシウスのこの言葉をシェリングは、学問的出発点となった学位論文に引用している。この論文『悪の起源論』は『創世記』第三章に関する解釈だった。『創世記』のこの箇所では、原初の人間アダムが禁じられた善悪の木の実を口にし、神に反抗する罪を犯す周知の物語が語られている。ここから人間の歴史が始まる。それも悪をなす自由とともに[19]。

シェリングは自由こそ「哲学のアルファでありオメガである」と述べていた。だが実は、今まで見て来たように、哲学のアルファは自然であり、歴史こそ哲学のオメガであると言うこともできる[20]。自然から自由が生成し、自由な人間が歴史を作る。自然は全ての生きた基盤であるが、そこから生じた自由が自然を超えた歴史の次元を開く。

自然から精神・人間の領域である歴史へ。実在的なものと観念的なものを構成することでシェリングは、ヤコービたちが体系の外部と見なしたものを内部へと取り込んだ。その意味で体系は《完結》している。その中で自然と歴史を繋いでいるのが自由である。自由とは、体系を成り立たせているまさしく「支配的中心」であることになる。その意味でこそ自由は、「哲学のアルファでありオメガ」なのである。ハイデガーは、『自由論』は一つの挫折だと言う(21)。ここにはハイデガー独自の読みがある。だが、われわれは『自由論』を一つの体系完結への道として読んだ。もちろんそこに欠陥が見つかるかもしれない。だが、それはむしろわれわれを、新たな哲学することへと誘う。

■著者略歴
平尾昌宏（ひらお　まさひろ）

1965年　大津市生まれ
1992年　立命館大学大学院文学研究科博士課程満期退学
現　在　佛教大学・大阪産業大学・立命館大学ほか非常勤講師
著　書
『自然概念の哲学的変遷』（共著：世界思想社，2003年），『シェリング自然哲学への誘い』（共著：晃洋書房，2004年），『哲学の眺望』（編著：晃洋書房，2009年），他。

叢書シェリング入門5
哲学するための哲学入門——シェリング『自由論』を読む——

2010年5月1日　初版第1刷発行
2011年4月1日　初版第2刷発行

著　者　平尾昌宏
発行者　白石徳浩
発行所　萌《きざす》書房
〒630-1242　奈良市大柳生町3619-1
TEL（0742）93-2234 / FAX 93-2235
[URL] http://www3.kcn.ne.jp/ kizasu-s
振替　00940-7-53629

印刷・製本　共同印刷工業・藤沢製本

ISBN978-4-86065-053-7

注

まえがき

（1） ただ，現代フランスの代表的な哲学者フーコーは，知と権力の密接な関係を追求した。

（2） 慣例により，オリジナル版（息子版），*F. W. J. Schelling sämmtliche* Werke, Hg. von Schelling, K. F. A. の巻数と頁数で示す。SW と略記する。

（3） Marx, W. [1977], *Schelling: Geschichte, System, Freiheit,* Alber, S. 110.

（4） 序論の意義を強調しているのは Jürgensen, S. [1997], *Freiheit in den Systemen Hegels und Schellings,* Königshausen & Neumann，ほとんどを序論の解明に充てている Heidegger, M. [1971], *Schellings Abhandlung über das Wesen der menschlichen Freiheit,* Max Niemeyer である（1936年に行われた講義)。なお，ハイデガーのシェリング『自由論』講義には次のものもある。*Die Metaphysik des deutschen Idealismus: zur Erneuten Auslegung von Schelling,* in: Heidegger, *Gesammtausgabe,* Abt. 2, Bd. 49, Klostermann. 二つの講義の違いについては，仲原孝［1995］「ハイデガーにおけるシェリング解釈の転換の問題」『シェリング年報』第3号参照（同「ハイデガーのシェリング解釈」西川監修［1994］『シェリング読本』法政大学出版局所収もある)。

（5） 『自由論』全体については，晃洋書房から西川富雄著の概説が刊行予定。

（6） チャートで示すと次の通り。第11-15節→第七章6，第九章3／第15-22節→第八章5，第九章4／第23-32節→第八章6／第33-41節→第九章5／第42-46節→第一〇章6

（7） 哲学入門向けとして，他に，哲学と科学，哲学と論理学など，関連領域との関係を折々に挟んだ。また，シェリング入門用として，『自由論』とシェリング自身の初期の歩みとの関係についても簡単に触れた（同一哲学→第五章5，6／自然哲学→第五章6，七章4，5／自我哲学→第一〇章2，3)。

序　章

（1） 西谷訳，岩波文庫版および渡邊訳，世界の名著版。

（2） よく用いられるのは，全集の他，Fuhrmans 序・注の Reclam 文庫版（1964)，Buchheim 序・注の F. Meiner, Philosophische Bibliothek 版（1997）の二つ。フアマンス版の注も優れた点があるが，テキスト，注釈ともにブフ

ハイム版が最も完備している。

（3） 西谷訳，3頁。

（4） Heidegger [1971]（注4），S. 2（ハイデガー（木田・迫田訳）『シェリング講義』新書館，15頁）.

（5） 未知谷（牧野訳），作品社（長谷川訳），平凡社ライブラリー（樫山訳）などの邦訳があり，ヘーゲルの主要な著作を収めた岩波書店〈ヘーゲル全集〉（金子訳）でも読める。

（6） Hegel, *Theorie-Werkausgabe,* Hg. von Moldenhauer, E. und Michel, K. M., Suhrkamp.

（7） 本書ではあまり論及できないが，『自由論』以降の著作で関わりが深いものには，まず「ヴェルトアルター」と総称される草稿がある。世界の歴史を，神の生成の過去，現在，未来として記述しようとした壮大な試み。書かれたのは過去編の草稿のみだが，『自由論』と並ぶこの時期の代表作（「世界年代」，「世代論」，「世界生成論」とも）。また，知人たちを前にした私的な講義『シュツットガルト私講義』（1810）がある。同一哲学の枠組みに基づいているが，『自由論』以降の思索の深まりが見られる。同年の『クララとの対話』（『近代の自然神秘思想』教文館〈キリスト教神秘主義著作集〉第16巻所収（中井訳））も注目に値する。シェリングの最初の妻カロリーネは，ドイツ・ロマン派のマドンナで，友人アウグスト・シュレーゲルの妻であったが，シュレーゲルの了解を得てシェリングと結婚，しかし『自由論』出版の年に若くして世を去る。もし来世があれば，そこにいるはずの彼女を偲んでシェリングが書いた対話（小説）である。また，シェリング最後の公刊著作『ヤコービの神的なものに関する著作に対するシェリングの記念』（1812）や『エッシェンマイヤー書簡』（1813）では，シェリング自身による『自由論』の解説が見られる。なお，著作年表や全集総目次はザントキューラー編（松山監訳）[2006]『シェリング哲学』昭和堂，に付されている。

（8） 例えばフアマンスは，1806年から1821年までを「ヴェルトアルターの哲学」として総括し（Fuhrmans, H. [1954], *Schellings Philosophie der Weltalter,* L. Schwann），フアマンス版の注でも，『自由論』のこの箇所は，後におけるこの着想を「暗示する（andeuten）」という語法を多用する。ティリエット [1997]（松山訳）「自由論」バウムガルトナー編（北村監訳）『シェリング哲学入門』早稲田大学出版部，96頁も参照。

（9） 新しい全集（*Hitorisch-kritische Gesammtausgabe,* im Auftrag der Schelling-Kommission der Byerischen Akademie der Wissenschaften（AAと略記））や資料の発見も大きな意味を持つ。

(10)　私の知る限り，ハイデガー前掲書以外では『自由論』全体の解説としては次の二つしかない。Höffe, O. und Pieper, A. (Hg.) [1995], *Schelling Über das Wesen der menschlichen Freiheit,* Akademie Verlag（複数の研究者によるもの），Hennigfeld, J. [2001], *Friedrich Wilhelm Joseph Schellings >Philosophische Untersuchungen. . .<,* Wissenschaftliche Buchgesellschaft. 他に『自由論』に関する論集として，渡邊・山口編［1999］『モデルネの翳り』晃洋書房や，Baumgartner, H. M. und Jacobs, W. (Hg.) [1996], *Schellings Weg zur Freiheitsschrift,* Frommann-Holzboog などがあり，有益。また，主題が弁神論に特化しているが，Hermanni, F. [1994], *Die letzte Entlastung,* Passagen は『自由論』全体の解釈としても優れている。なお，『自由論』に関するものを含め，シェリング関係の日本語の研究文献目録（主として2000年までの分）は，日本シェリング協会の HP で公開されている。

(11)　ただ段落分けだけである（全49段落）。どのテキスト，翻訳でもアクセスしやすいようにと考え，以下，『自由論』からの出典指示は段落番号（第～節）で示す。

(12)　バーリン（小川他訳）［2000］『自由論』みすず書房。

(13)　大橋良介［1993］『絶対者の行方』ミネルヴァ書房を参照。

(14)　そのため，この節ではあえて出典指示は行わない。

(15)　酒井潔のライプニッツ論のタイトル『世界と自我』（［1987］創文社）からも分かるように，本当ならここでライプニッツに触れなければならない。なお，その関係を「包まれつつ包む」と捉えたのが，酒井・佐々木編［2009］『ライプニッツを学ぶ人のために』世界思想社所収，池田善昭「生命論」。

(16)　ヤコービが，フィヒテをカントの長女，シェリングを次女としたことがある（SW, VIII, 23）。

(17)　例えば，ウィルソンの問題提起から社会生物学を巡る一大論争が巻き起こった（セーゲルストローレ［2005］（垂水訳）『社会生物学論争史』みすず書房を見れば，この論争が古典的な哲学論争の反復であることが分かる）。また，ロートは脳科学の立場から自由意志を単なる幻想とみなし，倫理，法に大きな問題を投げかけている（Roth, G. [2003], *Fühlen, Denken, Handeln,* Suhrkamp）。

第一章

（1）　ベルクソン『思想と動くもの』，特にその中の「哲学的直観」。白水社「ベルクソン全集」版（矢内原訳）と岩波文庫版（河野訳）がある。

（2）　だが，高尾由子［2005］『シェリングの自由論』北樹出版はそれを模索し

ている点で興味深い。『自由論』だけではなく，その前後を幅広く扱っている。

（3） 中島訳，法政大学出版局か，竹内・小木訳，みすず書房。

（4） 水木しげる『ねずみ男の冒険』ちくま文庫所収の，四方田犬彦「解説」参照。

（5） Hegel, *Briefe von und an Hegel,* Hg. von Hoffmeister, J., F. Meiner.

（6） 近頃では，フローチャート，オブジェクト指向，マインド・マップ，クリティカル・シンキングをはじめ，考える方法が哲学以外の実用的文脈で次々と出来ている。しかし，マニュアル化の弊害もある。

（7） 例えば，現代の哲学者P. シンガーが「人格」の概念をどう修正したか，なぜ，どんな関心からそうしたのか，また，そこにどのような問題点（シンガーの「人格」概念ではまずい点）があるのか，を考えてみるのはよい訓練になる。シンガー（山内・塚崎監訳）[1990]『実践の倫理』昭和堂。

（8） 岩波文庫版（畠中訳），世界の名著版（工藤・斎藤訳）がある。

（9） 後に見るように，こうした断絶を重視し，人間の非知を強調するのがヤコービである。

（10） この考え（Fichte, *Werke,* Hg. von Fichte, I. H., V, 185-6. ただし言葉遣いが少し違う）はフィヒテが無神論だと非難された「無神論論争」を背景としている（後に触れるヤコービのフィヒテ批判もこれに関わっている）。

（11） シェリングにとって悪の問題が特別だったことは，近年盛んに論じられるようになった彼の学位論文『悪の起源論』（1792）に示されている。松山壽一 [2004]『人間と悪』萌書房を参照。

（12） 例えばJürgensen [1997]（注4）は序論を，汎神論と自由，観念論と形式的自由，自由の実在的概念の三ステップとして理解するが，これは自由の概念（だけ）に焦点を当てているからである。

（13） あまり注意されていないが，第47から第49節は『自由論』全体の結語に当たると考えられる。「出発点」という第47節冒頭の言葉がそのことを示している。例えばBracken, J. A. [1972], *Freiheit und Kausalität bei Schelling,* Alber はそう見ている。

第二章

（1） さらに分ければ，(a)個々のものは全て神の内にあるとするか，(b)個々のものに神が宿っている，とするかである。(a)を「汎神論（pantheism）」と区別して「万有在神論（panentheism）」と呼ぶことがある。

（2） ただし，トーランドに由来するのはpantheistの語であって，pantheism

は後に作られたらしい。*Oxford Englisch Dictionary,* pantheismの項を参照。

（3） 松山壽一［1996］「スピノチストとしてのシェリング」大阪学院大学『人文自然論叢』第33・34号が明解。

（4） 同一哲学と『自由論』における人格性の独自な解釈としてZantwijk, T. v. [2000], *Pan-Personalismus,* Frommann-Holzboogがあり，『自由論』に至るまでに人格性がどのように浮上してきたかについてはShibuya, R. [2005], *Individualität und Selbstheit,* Schöninghが有益である。また，Buchheim, T. u. Hermanni, F.(Hg.) [2004], *>>Alle Persönlichkeit ruht auf einem dunkeln Grunde<<,* Akademie Verlagでは，シェリングにおける人格性の問題について，ブフハイムによる概括的な整理をはじめとして，多くの論文を収めている。扱われるのは『自由論』に限らないが，『自由論』が一つの中心になっている（タイトルは『自由論』第47節からのもの）。

（5） 山本清幸［1970］『シェリング自由論の哲学』学術出版会，70-75頁参照。

（6） Plitt, G. L.(Hg.), *Aus Schellings Leben. In Briefen,* 1869-1870.

（7） ただし，後のヤコービ批判ではヤコービの「学的でない有神論」に対して，「学的有神論」という言い方をしている（VIII, 55）。『シェリング年報』第18号（近刊），後藤正英の所論を参照。

（8） 例えば工藤喜作［1980］『近代哲学研究序説』八千代出版，第4章，広松・坂部・加藤編［1991］〈講座ドイツ観念論〉弘文堂，第5巻所収，笹澤豊「ヘーゲルとヤコービ」，加藤編［2007］『理性の劇場』中央公論新社〈哲学の歴史〉第7巻所収，栗原隆「ヤコービ／ヘルダー」を参照。

（9） この点詳しくは平尾昌宏［2007］「ドイツにおけるスピノザ主義の基本構図」『大阪産業大学論集』人文科学編，第121号を参照。

（10） 今後ヤコービのテキストは新全集（Jacobi, *Werke,* Hg. von Hammacher, K. und Jaeschke, W, Frommann-Holzboog）を標準とするだろうが，暫定的にケッペン版（Jacobi, Werke, Hg. von Roth F. u. Köppen F.）で出典指示する。

（11） AA. III-1, S. 271の編注，松山壽一［2007］「スピノザとシェリング」『スピノザーナ』第8号参照。

（12） シェリングの日録によると，『自由論』執筆時に『インド書』を読み返している（Schelling, *Philosophische Entwürfe und Tagebücher,* Bd. 1, Hg. von Knatz, L., Sandkühler, H. J. und Schraven M., 1994, F. Meiner）。1800年を中心とする初期ロマン派時代には，シェリングと比較的近い立場にいたシュレーゲルは，この時期，既にカトリックに改宗し，『インド書』で，シェリングを暗に非難していた。この点を強調するのがFuhrmans [1954]（序章の

注8）である。酒田健一「深淵におののくプロメテウス」渡邊・山口編［1999］（序章の注10）所収も参照。

（13） ブフハイムはJacobi-W, IV-1, 221-223, ハイデガーはIV-1, 216f., IV-2, 127f. を挙げる。

（14） 『自由論』にとってヤコービとの関係が本質的であることを示したのは，ブフハイム版の功績。『自由論』にこそヤコービの名はないが，これ以後も両者の確執は続く。特に『神的事物について』（1811）はヤコービのシェリング批判として重要。Weischedel, W. [1969], *Jacobi und Schelling,* Wissenschaftliche Buchgesellschaft や Brüggen, M. [1971], *Jacobi, Schelling, Hegel,* in: Hammacher, K (Hg.), *Friedrich Heirich Jacobi,* Studien zur Philosophie und Literatur des 19ten Jahrhunderts, Bd. 11, 久保陽一［2005］「シェリングとヤコービ」『理想』第674号がコンパクトな整理を提供している他，Jaeschke, W.(Hg.) [1999], *Der Streit um die göttlichen Dinge,* F. Meiner が基本資料と研究を提供してくれる。この論争は，汎神論論争と，ヤコービとフィヒテ，ヘルダーらによる無神論論争に次ぐ，スピノザ論争の第三幕とでも言うべきもの。栗原［2007］（本章の注8）参照。

（15） これはむしろヤコービの戦略的な意図と言えようし，彼も何でもかんでも理性はダメだと言ったのではなく，「理性の妥当領域の限界を超え，さらに自身の基礎を意識しない理性」を批判した（Götz, C. [2008], *Friedrich Heinrich Jacobi im Kontext der Aufklärung,* Meiner, S. 7）のである。自戒を込めて言えば，ヘーゲルやシェリングの側から見てヤコービを戯画化する傾向が一般に見られるが，ヤコービ新全集を契機として，ヤコービ研究も更に進展することを期待したい。

（16） Peetz, S. [1995], *Die Freiheit im Wissen,* Vittorio Klostermann.

（17） それに対してジジェク［1997］『仮想化しきれない残余』青土社は，そうした安易な常套句を否定し（19頁），ヘーゲルに対するシェリングの優位という見方を批判しようとしている。

（18） この点でわれわれはPeetz [1995]（本章の注16）の試みを重視する。

（19） 内在的な視点に固執するヘニッヒフェルトは『自由論』を何よりも哲学的な体系企図として読もうとする。自由と体系は両立しないという「古いが，決して消え去っていない言い方」（第1節）はヤコービの主張を指すのだとする見解に触れつつも，重要なのは問題の体系的解明であって，この問題は特定の人名に結びつくものではない，としながら，汎神論概念の吟味の箇所への注釈としてはヤコービ以来の汎神論論争についての歴史的な説明を援用しており，明らかに一貫性を欠いている（Hennigfeld（序章の注10），S. 35-

46)。この点は平尾［2007］（第二章の注9）で論及した。またその背景については，平尾昌宏［2004］「啓蒙期ドイツのスピノザ主義」『スピノザーナ』第5号を参照。

(20) 松山壽一［2004］『科学・芸術・神話』晃洋書房はシェリング自然哲学テキストのポリフォニー（多声）的性格を詳細に示している。それは『自由論』にも言えるばかりか，『自由論』ではその多声性が内的対話にまで昇華されているように思う。

(21) 詳しくは平尾昌宏［2006］「自由における対話」『立命館文学』第595号を参照。

第三章

(1) 汎神論とスピノザ主義（の関係）に関するシェリングの判断については，『近世哲学史講義』（X, 45-48（細谷訳，福村出版，71-76頁））も参照。

第四章

(1) 四日谷敬子［1990］「同一性と個体性」〈講座〉（第二章の注8）第4巻所収。

(2) シェリングは無限な実体をA，その帰結をA／aと表現する。彼のお得意の記号化である。

(3) ブフハイム版でもそう見る。S. 99.

(4) 『エンチュクロペディー』§573も参照。

(5) Bauer, E. J. [1986], *Das Denken Spinozas und seine Interpretation durch Jacobi,* P. Lang, S. 137.

(6) ただしわれわれも，様々な示唆だけは従来の研究の蓄積に負うている。

(7) フィヒテも「無世界論者」という言い方をしているが，そこではスピノザに触れていない。Fichte-W, V, 269, Fichte, *Gesamtausgabe der Bayerischen Akademie der Wissenschaften,* Frommann, I/6, 54.

(8) 〈講座〉（第二章の注8）第6巻所収，加藤尚武［1990］「論理思想の歴史」の皮肉を参照。

(9) Maimon, *Gesammelte Werke,* Hg. von Verra, V., Olms. マイモン『自伝』邦訳（小林訳『一放浪哲学者の生涯』筑摩書房）は抄訳で，ここで取り上げた部分は省略されている。

(10) この点，現在でもAtlas, S. [1959], *Solomon Maimon and Spinoza,* in: *Hebrew Union College Annual,* 30が有益。

(11) Mendelssohn, *Gesammelte Schriften Jubiläumsausgabe,* Friedrich Frommann. 頁数はそれぞれ，諸版と第2版のもの。

(12)　Leibniz, *Die philosophischen Schriften,* Hg. von Gerhardt, C. J.

(13)　厳密に言えば，メンデルスゾーンが直接依拠しているのはヴォルフの議論（『自然神学』（1743）第2部第696節（Wolf, *Gesammelte Werke,* Olms, 2 Abt. VIII））であろうと思われる。

(14)　この小論を含め，ライプニッツの重要な論文は岩波文庫版（河野訳）の『単子論』，『形而上学序説』か，工作舎〈ライプニッツ著作集〉に収められている。

(15)　後期ロマン派のハイネの頃になると，ドイツ哲学を語るのにスピノザ主義は不可欠になっている。伊東訳，岩波文庫版『ドイツ古典哲学の本質』もしくは木庭編訳，松籟社〈ハイネ散文作品集〉第4巻。この著作は哲学史の生き生きとした叙述として今でも薦められるものである。

(16)　ライプニッツとシェリングの関係は，松山の諸研究を除くと，次のようなものがある。時期に即しては Holz, H. H. [1954], *Schelling über Liebniz,* in: *Deutsche Zeitschrift für Philosophie,* 1954, IV（後期の『近世哲学史講義』を扱う。冷戦下という時代的制約が大きい）や Holz, H. H. [1984], *Der Begriff der Natur in Schellings speckulativen System,* in: Sandkühler, H. J.(Hg.), *Natur und geschichtlicher Prozess,* Suhrkamp（自然哲学期），主題に即しては Jacobs, W. G. [1986], *Die Teodizeeproblematik in der Sicht Schellings,* in: *Studia Leibnitiana.* Supplementa, Bd. 26, Buchheim, T., *Das Prinzip des Grundes und Schellings Weg zur Freiheitsschrift,* in: Baumgartner/Jacobs(Hg.) [1996]（序章の注10）（ただし文章，内容ともに極めて晦渋）。しかし，まとまったものはない（他，Shibuya [2004]（第二章の注4）の特に I.2.1, I.2.2, II.3.1を参照）。

(17)　ヤコービは『自由論』以降のシェリングにさえ，全く同形の批判を投げかける。「全ては自然であり，自然の外，自然を超えては何も無い」（Jacobi-W, III, 386）と。

(18)　スピノザ主義の観念論的解釈として知られるエルトマン（Erdmann J. E. [1933], *Versuch einer wissenschaftlichen Darstellung der Geschichte der neuern Philosophie,* I. u. II. Abt. II Bd., S. 60.）もマイモンから着想を得たのではないかとの見方もある（Atlas [1959]（本章の注10））。ただ，エルトマンの解釈は属性の観念論的解釈であり，マイモンの解釈とは異なる。なお，松田克進［2009］『スピノザの形而上学』昭和堂も参照。

(19)　シェリングがここでマイモンの議論を念頭においていると主張したいのではない。念のため。

第五章

（1） これはヤコービの『スピノザ書簡』に付された第7付録に対する批判的応答だと解することもできる。ここでヤコービは，原因と根拠の混同を批判しているのだが，その際に彼が問題にしているのが，まさしく依存性だからである（Jacobi-W, IV-2, 144-6)。ヤコービは自律を批判する。彼にとって重要なのはむしろ依存性なのである

（2） 『叙述』の邦訳（伊坂訳）は伊坂・西村編〈シェリング著作集〉第3巻，燈影舎所収。『哲学と宗教』は同一哲学と『自由論』期との境界線に位置する。主題的には『自由論』に通じるが，枠組みは同一哲学的。邦訳は西谷訳『自由意志論』岩波書店に収録されている。両著作の違いを整理したものとして Brown, R. F., *Is Much of Schelling's Freiheitsschrift Already Present in His Philosophie und Religion?,* in: Baumgartner/Jacobs(Hg.) [1996]（序章の注10）が便利。ただ，ブラウンは後期シェリングを評価するが，『自由論』には批判的。

（3） 西谷訳，165頁。

（4） 伊坂・森編［1997］『シェリングとドイツ・ロマン主義』晃洋書房所収，伊坂青司「シェリング哲学の方位とスピノザ主義」を参照。伊坂はドイツ観念論におけるスピノザ主義受容を継続的に論じている。また，シェリングとスピノザの違いについては，松山・加國編［2004］『シェリング自然哲学への誘い』晃洋書房所収，平尾昌宏「形式・体系・自然」を参照されたい。

（5） 後にヘーゲルが『精神現象学』の序論で行ったシェリング批判はこの点に関わる。

（6） 実はシェリング自身もかつて，ヘーゲル，エルトマンに繋がるスピノザの観念論的解釈の流れの上にあった。Rang, B. [2000], *Identität und Indifferenz,* Vittorio Klostermann, S.60.

（7） エッシェンマイヤーとの関係については長島隆［2001］「シェリングとエッシェンマイヤー」『日医大基礎科学紀要』第29号他，長島が継続的に研究を進めている。

（8） ハイデガーはこの点，デカルト以来の自然と自由との対立が，ここで神と自由との対立に高められているのだと説明するが，シェリングの歩みに即して修正付加すれば，自然と精神の対立と同一が，世界の必然性と個々の人間の自由との対立と統一として現れているのだと言うべきだろう。

第六章

（1） 西谷訳，ハイデガー，ブフハイム，Baumgartner, H. M., *Zur Einleitung:*

Übersicht, Aufbau und Problemanzeigen(336–350), in: Höffe/Pieper(Hg.) [1995]（序章の注10），S. 39など。

（2） Hennigfeld [2001]（序 章 の 注 10）や Gilson の『自 由 論』仏 訳（1988, Vrin）の理解はこれに近い。

（3） 現代でもこれは大問題で，二元論の立場ではチャーマーズ（林訳『意識する心』白揚社），一元論ではデネット（山口訳『解明される意識』青土社）がいる。ただ，デカルトの近代の物心二元論は科学を成立させる土壌だったが，現代では科学に依拠した立場は心を消去した一元論を取る。

第七章

（1） ただしこの言葉は極めて多義的である。

（2） 平尾昌宏［2006］「人間的なものの存在論的境位」『シェリング年報』第14号もシェリング側。

（3） 畠中訳『スピノザ往復書簡集』岩波文庫がある。

（4） *Spinoza Opera,* Hg. von Gebhardt, C.

（5） 例えば上野修［2005］『スピノザの世界』講談社現代新書は，「事物について何かを肯定したり否定したりするのはわれわれではない，事物自身である」という『短論文』第2部16章の言葉を引いて，「事物とは，唯一これっきりの，あのときも今も，これから先もずっと同じ，われわれの生きているこの世界のことだ。スピノザはそれを『神』と呼んでいた」とし，事物の観点をスピノザ哲学の特異性として明確に打ち出している（5頁）。スピノザの哲学が「今でも全然古びていないのは，彼が『人間』の意見に頓着せず，全てを事物の側から見ていたからである」（10，12頁）。

（6） ブフハイム版，S. 105.

（7） 桜井直文［1989］「スピノザ研究の二つの動向」『理想』第643号，田上・黒木・助川編［2008］『＜人間＞の系譜学』東海大学出版会所収，木島泰三「スピノザ――人間の「擬人的」理解への批判」。

（8） 生命の概念に注目してスピノザを読む有力な論者も多い。Zac, S. [1963], *L'idee de vie dans la philosophie de Spinoza,* PUF，河井徳治［1994］『スピノザ哲学論攷』創文社。

（9） 重要なものは松山編〈シェリング著作集〉第1b 巻に邦訳が収められた。この巻に付された松山壽一「解説」，同［2004］『人間と自然』萌書房も便利である。

（10） 前掲〈シェリング著作集〉第1b 巻所収。SW 版頁数も付されていて便利。

（11） シェリングとネスを対比したものとして，松山・加國編［2004］（第五章

の注4）所収，浅沼光樹「もう一つのエコソフィーを求めて」がある。

(12)　シェリングも言うように（第10節），中世を支配したキリスト教も自然を嫌悪する。

(13)　全一論の力動化一般については，Rang [2000]（第五章の注6），S. 95以下が主題的に論じている。

(14)　松山［2004］（本章の注9）特に11-13頁，35頁を見よ。また平尾［2004］（第五章の注4）参照。ただし，そこで論じたのは同一哲学期の『叙述』における自然哲学である。

(15)　これを収録したAA, I-5（Durner, M. 編）では，自然哲学におけるスピノザとライプニッツ（またそこにヤコービが絡むこと）を考慮している。特に編序S. 35f，編注S. 320-5。

(16)　〈シェリング著作集〉第1b巻と，高月・池田・中村・小西訳『シェリング初期著作集』日清堂書店に収録されている。

(17)　例えば『考案序説』(II, S. 36）でもそう主張される。

(18)　ライプニッツへの言及なしにアイディアを取り入れている箇所もある（例えば，IV, 259（『ブルーノ』服部・井上訳，岩波文庫，73頁））。なお，Shibuya [2004]（第四章の注4），S. 90-97参照。

(19)　この点，Matsuyama, J. [1998], *Atomistische Dynamik und dynamische Atomistik,* in: *Bermer Philosophica,* Studiengang Philosophie, Universität Bremenが極めて有益。

(20)　平尾昌宏［2003］「スピノザの場合」池田編『自然概念の哲学的変遷』世界思想社所収を参照。

(21)　Matsuyama, J. [2004], *Herder und Schelling,* in: *Herder-Studien,* Bd. 10, S. 83-84.

(22)　Jacobs [1986]（第四章の注16）はシェリング哲学の開始自体がライプニッツとともにあると強調する。

(23)　こうしたシェリングの構想をある種先取りしていたのがヘルダーである。ヘルダーもライプニッツとスピノザを綜合することで一つの世界観を描いている（『神』1787）。ヘルダーのこの試みについては，工藤喜作［1982］「力と実在」飯塚他編『世界観と哲学の原理』東海大学出版会参照。それがシェリング自然哲学の先駆であるという指摘は，既にWalzel, O. [1923], *Deutsche Romantik.* I, 5te, Teubnerにある（S. 14）。Grün, K-J. [1993], Das Erwachen der Materie, Olmsもシェリングに対するヘルダーの影響を重視しているが，スピノザとライプニッツの区別をしていないため，混乱に陥っている。ただ，Matsuyama [2004]（本章の注21）も指摘するように，シェリングはフィヒ

テを踏まえているが，ヘルダーにはそれがない。

(24) この点，シェリング自然哲学は現代科学のシステム論の先駆とされる。松山・加國編［2004］（第五章の注4）所収，河本英夫「自己組織化とオートポイエーシス」を参照。

(25) ただ，この問題を正確に捉えるには，カントも考慮に入れねばならない。Matsuyama [1998]（本章の注19），ザントキューラー編［2006］（序章の注7）所収，ヤンツェン（北澤訳）「自然の哲学」参照。

(26) これを人間の無意識と解すると，精神分析と結びつけ得る。ジジェク［1997］（第二章の注17）参照。

(27) 自然が持つこうした暗い力への洞察は，シェリング学生時代のプラトン解釈（コーラの概念に関して）にまで遡ることができる。『シェリング年報』第18号（近刊），浅沼光樹の論文を参照。

(28) 北澤恒人［1991］「近代的個人の存立根拠」永井他編『物象化と近代主体』創風社は光と闇の原理を個体性の存立根拠と理解し，『自由論』は「歴史性の問題と人間の実存の問題との連関を明るみに出した」している（186頁）。北澤は一連の論考で光と闇の原理を継続的に取り上げている。

第八章

(1) 理想社と岩波書店から二種の〈カント全集〉が出ており，これで著作は全て読めるし，『純粋理性批判』をはじめ，重要著作は文庫でも読める（岩波文庫）。ここでの説明は貧弱で申し訳ないが，さすがカント，いちいち文献指示しないが，解説書，研究書も多い。

(2) ここでは詳論しないが，カントは更に，道徳・倫理の領域と宗教の領域も区別する。

(3) 松山監修，加國・平尾編［2009］『哲学の眺望』晃洋書房の第3部を参照。

(4) 既に見たヘーゲル宛書簡，『叙述』（IV, 109）も参照。

(5) 近年 Hermanni [1994]（序章の注10）やブフハイム版（XVIf, 113.）が『自由論』にとってのこの論文の重要性を強調しているが，西谷訳は既に慧眼にもこの論文に注目していた（165-6頁）。

(6) 大峯編［1994］『神と無』ミネルヴァ書房〈叢書ドイツ観念論との対話〉5所収，美濃部仁「無神論論争」参照。

(7) ハマッハーは，その背景にヤコービによる批判を見ている。Hammacher, K. [1989], *Fichte, Maimon und Jacobi,* in: Mues, A. (Hg.), *Transzendentalphilosophie als System,* F. Meiner.

(8) 岩波文庫（宮崎訳），世界の名著版（量訳）がある。

(9) 松山［2004］（第七章の注9），60頁を参照。14頁も見よ。

(10) 柴田訳，皙書房〈フィヒテ全集〉第15巻所収。

(11) Vossenkuhl, W., *Der Ursprung des Bösen in Gott*, in: Höffe/Pieper (Hg.) [1995]（序章の注10）はカントを道徳的，『自由論』を宇宙論的とする。悪の概念について，シェリングも含めてより広く現代的な視点も入れて（ニーチェ，フロイト，レヴィナス，ヨナス，アーレントら）考察したものとして，Bernstein, R. J. [2002], *Radical Evil*, Polity がある。

(12) シェリングがベーメを知ったのもバーダーを介してだとされる。バーダー研究は手薄だったが，伊坂・原田編［2007］『ドイツ・ロマン主義研究』お茶の水書房に，関係論文が4本収録されている。

(13) カントは既に過去だが，フィヒテは現役のライバルだったのだろう。

(14) シェリングの批判をフィヒテ側から再考したものとして，玉田龍太郎［2004］「フィヒテ道徳論における根本悪の問題」『倫理学年報』第53号がある。

(15) 諸岡道比古［2001］『人間における悪』東北大学出版会，論文では後藤正英［2000］「カントとシェリング」『シェリング年報』第8号。

(16) 「叡智的」なものの思想は，直接にはカントに，遡ればプラトンに由来する。

(17) 後にシェリングは「自我の超越論的過去」といった言い方をする（X, 94（150頁）。

(18) 私自身は辻村公一［1993］『ドイツ観念論断想』所収「シェリング・無底」の解釈に惹かれる。

第九章

(1) 水地・田頭訳〈プロティノス全集〉中央公論社に収められている。

(2) 同一哲学期から『哲学と宗教』までが新プラトン主義の影響を受けていることは多くの論者が指摘する。例えばバウムガルトナー編［1997］（序章の注8）所収のツェルトナー（松山訳）「同一性の哲学」。『自由論』はしかし，明確にそこから抜け出している。

(3) 平尾昌宏［1997］「神的本性の必然性」『アルケー』第5号参照。

(4) 詳しくはデカルトを論じた平尾昌宏［2000］「方法と倫理へ」『立命館哲学』第11集を参照。それをシェリングと対比した同［2001］「誤謬と悪，方法と愛」『シェリング年報』第9号もある。

(5) ライプニッツ側からシェリングの批判に答えたものとしては池田善昭［1983］『ライプニッツ哲学論攷』南窓社，197頁以下，酒井潔［1987］（序

章の注15）203-212頁。シェリング側からのライプニッツ批判については，平尾昌宏［1996］「善意と愛・選択と生命」『理想』第657号で論じた。

（6） 私の知る限り，アウグスティヌスとの関係をいくらかでも論じたのはOesterreich, P, L., “*Der umgekehrte Gott*”, in: Adolphi, R. und Jantzen, J.(Hg.) [2004], *Das antike Denken in der Philosophie Schellings,* Frommann-Holzboog だけである。

（7） 以下について，文献も含めて『シェリング年報』第18号（近刊）所収の拙論を参照。

（8） シェリングのこうした深い言葉の一行すら，ヘーゲルは書くことができなかったと，ハイデガーは述べている。この点については，高山・藤田編［1995］『シェリングとヘーゲル』晃洋書房所収の，藤田正勝「ヘーゲル『精神現象学』とシェリング『自由論』」を参照。

（9） 悪を心の問題に回収してしまうと，例えばテロリズムの問題も解けないだろう。

（10） この点を論じたものは多い。Lawrence, J. P. [1989], *Schellings Philosophie des ewigen Anfangs: die Natur als Quelle der Geschichte,* Königshausen & Neumann.

（11） 例えば，平尾昌宏［2002］「アウグスティヌスと悪の問題」『比較思想研究』第29号を参照。

（12） 〈ライプニッツ著作集〉第6，7巻（佐々木訳）。

（13） 岩波版〈カント全集〉2［2000］，加藤泰史「解説（オプティミズム試論）」528頁。

（14） 菅原潤［1997］「シェリングにおける悪の積極性」〈実存思想論集〉第12巻『他者』所収を参照。

（15） この印象的なフレーズは後の「シュツットガルト私講義」（VII, 435）や「ヴェルトアルター」草稿（VII, 219）などに繰り返し登場する。また，ベーメ『シグナトゥーラ・レールム』第2章第2節参照（教文館〈キリスト教神秘主義著作集〉第13巻（南原訳），17頁）。

（16） ライプニッツの超然とした神からシェリングの人間的な神への転換の中点にいるのが，われわれ人間の立場から弁神論の不可能性を論じたカント（「弁神論の哲学的試みの失敗」1792）である。

第一〇章

（1） 『自由論』の「実在―観念論」を初期とは異なり「人間学的」なものであるとする Theunissen, M. [1965], *Schellings anthropologischer Ansatz,* in: *Ar-*

chiv für Geschichte der Philosophie, Bd. 47-2の見解が代表的なものだろう。

（2）『初期著作集』（第七章の注16）所収。

（3）岩波文庫版（木村訳），白水社（隈元訳），〈フィヒテ著作集〉第2巻所収。

（4）その筆者を誰とするかの議論はあるが，『無限への憧憬』国書刊行会〈ドイツ・ロマン派全集〉第9巻所収の小林訳では，シェリング名義。

（5）ラウト（隈元訳）［1982］『フィヒテからシェリングへ』以文社はそう見る。

（6）自由の体系で，かつピノザの体系に匹敵する壮大で，純粋な体系こそ最高の体系だと（X, 36（55頁）），『自由論』の遥か後でもそう言われている。

（7）他にも，直観知の問題，シェリングが『エチカ』のどこに注目したかなどが『自我論』からは明確に伺えるが，今は割愛する。自我論の知的直観については，中島靖司「原理としての自我について」西川監修［1994］（「まえがき」の注4）が示唆的である。

（8）『自我論』とフィヒテ，スピノザの関係については松山［1996］（第二章の注3）が有益。他，Pieper, A. [1977], "*ETHIK A LA SPINOZA*", in: *Zeitschrift für Philsophische Forschung,* Bd. 21, Hft. 4やPieperによるAA, I-3編序を参照。

（9）神子上恵群［1999］「人間の束縛と自由についての予備的命題」『龍谷大学論集』第449号参照。神子上はヤコービに関する多くの論文を継続的に発表している。

（10）この部分は「人間は神を現す」という次段落と対になっている（Jacobi-W, III, 425-426）。

（11）Goethe, *Werke, Hamburger Ausgabe,* Deutsche Taschenbuch Verlag.

（12）この言葉はドイツ神秘主義の思想家ベーメに由来する。「愛」もベーメのキーワード。ただ，ベーメの著作は彼自身が見たヴィジョンを描いた，極めて豊かで詩的なものだが，シェリングの「無底」は哲学的な概念だから説明されなければならない。シェリングとベーメとの関係については，岡村康夫「悪・神のうちの自然・無底」西川監修［1994］（「まえがき」の注4）所収，同［1994］「無底と遊戯」『シェリング年報』第2号，中井章子「フィロゾフィーとテオゾフィー」北澤・長島・松山編［2000］『シェリング自然哲学とその周辺』梓出版社所収を参照。より広くは同「自然神秘思想の系譜と『自由論』」渡邊・山口編［1999］（序章の注10）所収。

（13）愛は悪と対立するとともに，対立を克服し統一する。つまり，『自由論』では愛が二重に働いている。〈哲学の歴史〉第7巻（第二章の注8）所収，高山守「シェリング」547頁を参照。だが，根底も実はそうである。脇坂真弥［1996］「シェリングにおける根底と無底」『シェリング年報』第4号を参照。

これは『自由論』の論理構造にとって二つの意味で非常に重要な点である。簡単に言えば，一つには古典的な神概念との差異において（平尾昌宏[1995]「シェリングの神概念」『比較思想研究』第22号参照），また，システム＝メタ・レベルとその内部における一項＝オブジェクト・レベルが同一化されることによってシステムが循環し，底がなくなるからである。

(14) 無底に真正面から取り組み『自由論』全体に説き及ぶのが辻村公一[1993]（第八章の注18）である。ハイデガーのシェリング論の欠点は無底を扱わないことだが，その点については渡邊・山口編［1999］（序章の注10）所収，大橋良介「シェリングの無底と体系」参照。

(15) 「無底（Ungrund）」は，直訳すれば「無根拠」である。ただ，この点を突き詰めて行けばシェリング後期哲学の課題に突き当たる。根拠がないとすれば，それは「偶然」になる。この点，九鬼周造の偶然論と合わせて考察したのが，橋本崇［1998］『偶然性と神話』東海大学出版会。

(16) そのためシェリングには過去の優位が見られることになる。森哲郎[1981]「シェリングに於ける有と世界」『関西学院哲学研究年報』第15集，24，53頁。山口和子［2004］『後期シェリングと神話』晃洋書房，60-62頁。池田全之［1998］『シェリングの人間形成論研究』福村出版，第4章も参照。

(17) ドイツ語圏でも，優れた研究者なら，実は翻訳しているのである。

(18) 高尾［2005］（第一章の注2）が問うているのは一つにはこのことである。

(19) この論文はカントの影響が大きい。カント「人類の憶測的起源」註解を参照せよ。

(20) シェリングは自然哲学から歴史哲学へと進んだ，と総括することもできる（ザントキューラー編［2006］（序章の注7）所収，ザントキューラー（平尾訳）「歴史哲学」参照。

(21) Heidegger [1971]（「まえがき」の注4），S. 4, 25, 194（17, 55, 361頁）.